中学生のための
脚本集
U-15 under fifteen 下

一般社団法人
日本演劇教育連盟 編

U-15

晩成書房

はじめに

この脚本集には、いろいろなかたちの演劇が詰まっています。
◆ごく身近にありそうな学校生活が題材の劇も、世界的な名作の脚色ものも。
◆笑いの絶えない楽しい作品も、みんなで考えたいメッセージの込められた作品も。
◆日常活動の練習でも使える小発表会用の脚本も、じっくり時間をかけて取り組む脚本も。
◆舞台装置に頼らず少しの小道具や演技だけで劇の世界を創りだす作品も、逆に大道具の工夫で観客をあっと驚かせる作品も。
このような劇の脚本を幅広くそろえました。

この脚本集に収めた脚本は、ほとんどが中学校の現場で生まれ、実際に上演された作品です。最初から作者の発想で書かれたものもありますが、多くが、はじめに集団で話し合い、そこで考えたことを出発点としています。作者が目の前にいる生徒に、役を当てはめ、思い浮かべ、書いたものが多いのです。それらの作品をみなさんの学校で演じるにあたって、時には生徒一人一人の個性に合わせて手を加えることが必要になる場合もあるでしょう。

一方で、せりふの一つ一つに、脚本にこめられた作者のメッセージがあります。それを見つけ出してほしいと思います。脚本を読み込み、作者のメッセージを読み取って、そこにいる生徒の個性に合わせた上演をしてください。

なお、書きかえた場合は、できあがった上演台本を作者に届けるようにしてください。（詳しくは、二二八ページの「学校演劇脚本の上演手続き」をご覧ください。）

劇は一人の力ではできません。そこに大変さと同時に、他にはない楽しさと力があります。役を演じることで自分とは違う人物のことを理解したり、表現力を磨いていく充実感を体験できたりするでしょう。そしてキャスト・スタッフみんなが力を合わせて劇を創り上げることで、チームとしての力も強くなるでしょう。苦心して上演をなしとげた喜びは、何ものにもかえがたいものです。

ぜひ、日本中の学校で上演活動に取り組んで表現の種をまき、花を大きく咲かせていってください。仲間たちの協力で、工夫を凝らし、すてきな世界を創りあげていってください。作者や「上演のてびき」に書かれた世界を乗り越えて演出してくださることを、ひそかに期待しております。

上演しての感想や批評もお聞かせください。ご意見を生かして、これからもよい脚本をみなさんのもとにお届けしたいと思っています。

二〇二二年一月

『中学生のための 脚本集Ｕ-15』編集委員会　**星　陽子**

中学生のための 脚本集U-15 下 もくじ

■表示した上演時間は、およその目安です。
■登場人物数（男女別）は、演出のしかたによって増減する場合があります。

ごめんね！ ごめんね！

浅田七絵

チエは何で怒っているんだろう。
……私、チエと会う時どうしてたっけ。
……あなたは最近どんな場面で「ごめんね」と言いましたか？

上演＝東京・東村山市立東村山第六中学校演劇部 ［写真＝小山内徳夫］

登場人物

宮崎メイ
高畑チエ
新海アカリ
庵野ミサト
細田ユキ

メイの母
メイの弟（ソウスケ）
チエの妹（カヤ）
小学校三年生のチエ

教科書を貸す生徒（生徒1）
教科書を貸すのを阻止する生徒（生徒2）
LINEくん1号（メイ）
LINEくん2号（チエ）
LINEくん3号（カヤ）
カヤの友達

第1場〔メイとチエ〕

音楽。緞帳開く。部活動（運動部）姿のチエとメイがいる。

チエ　私には無理だよ。

メイ　大丈夫だって。

チエ　ミサトとかユキのほうが部長っぽくない？

メイ　チエだってできるよ。

チエ　なんで私なんだろ。なんで部長なのってみんな思ってるよ。きっと。

メイ　先輩が指名したんだから自信持ちなって。

チエ　先輩みたいにできないよ。

メイ　チエはチエなんだから、チエらしくしてればいいんだよ。それに、私は絶対、チエの味方だから。

チエ　失敗するよ、きっと。

メイ　いっしょに謝ってあげるよ。「うちのチエがごめんなさーい！」って。

チエ　（ちょっと笑って）ホントに？

メイ　失敗なんて気にしない気にしない。チエはいろいろ気にしすぎなんだよ。何言われてもいいじゃん。

チエ　メイは気にしなさすぎ。

メイ　ホントだよ。私いっつも怒られてばっか！

チエ　メイみたいな部員がいると、部長は苦労するんですけど～。

メイ　部長やる気あるんじゃん。

チエ　あれ？（笑って）ま、決まっちゃったからね。そうだね。頑張るしかないか！

メイ　チエがやりたいようにやるのが一番だよ。頑張れ！

チエ　うん、頑張る！

ストップモーションからの暗転。音楽高まり、二人去る。

第2場〔メイのいい加減さ〕

舞台が明るくなると、アカリ、ミサト、ユキが立っている。

三人　5、4、3、2、1、0！　はい！　時間切れ！

アカリ　じゃあ行く？

ミサト　行こう行こう。映画に遅れちゃうよ。

ユキ　アカリ、メイにメールしといてくれる？

アカリ　オッケー。「先にいってるね」と。

ユキ　場所わかるかな。

ミサト　大丈夫でしょ。いつものことだし。

アカリ　いつものことだもんね。よし行こう。

そこにメイが駆け込んでくる。

メイ　ちょっと待ったー！

三人　来た！

メイ　間に合った～。

三人　間に合ってない！

ミサト　遅刻！

メイ　え？　そう？

アカリ　三十分に待ち合わせって言ったじゃん。

メイ　あれ？　今何時？

ミサト　四十五分！

メイ　おかしいなあ。家出た時は二十五分だったんだけど。

ミサト　五分で着くわけないでしょ。

メイ　ごめん。ごめん。謝るから、許してちょ。ね？ね？

ミサト　まったくもう。

ユキ　まあまあ、いつものことじゃん。

アカリ　いつものことだよね。

メイ　そうそう。いつものこと。

ミサト　あんたが言うな！

ユキ　ねえ、電車来ちゃうよ。

アカリ　あ、やば！

メイ　走れ～！

スピード感のある音楽が流れ、少女たちは走る。上手下手から大勢出てきて踊る。踊りが途切れて、生徒1と生徒2が登場。それ以外の人物が背を向けて座ると、そこは教室になっている。

メイの声　お願い！

生徒1　いいよ。えーっと、何と何だっけ？

メイの声　教科書とワーク！　歴史のほうね！

生徒1　待ってて。

生徒2　ちょっと待った。
生徒1　何？
生徒2　あんたいま宮崎メイに教科書貸そうとしていない？
生徒1　うん。
生徒2　気をつけな！
生徒1　何が？
生徒2　あの子に教科書貸すと、
生徒1　貸すと？
生徒2　落書きだらけになるよ！
生徒1　落書き？　まっさか〜。だって女子だよ？
生徒2　ホントだって、こないだ国語の教科書貸したら、
生徒1　貸したら？
生徒2　太宰治が……アフロだった。
生徒1　え？
生徒2　めっちゃ、もっさもさ。
生徒1　マジ？
生徒2　メロスなんて……スクール水着着てるし。
生徒1　マジで？
生徒2　しかも、油性。まっ黒。やばいよ。

生徒1　（貸すのを渋って）え〜。どうしようかな。
メイの声　（生徒1に）あ、歴史の資料集も貸してほしいな〜。
生徒2　頑張れ！
生徒1　（ためらいつつ）あ、えと、大事に使ってね。（渡す）
メイの声　ごめんね、ごめんね。ホントにありがと！

再び音楽高まり、大勢踊りだす。踊りが途切れ、メイとアカリ、ミサトがいる。そこは映画館。

ミサト　まだ無いの？　予告編始まっちゃったよ！
メイ　え〜だって〜！　ないないない！
ユキ　ないことないでしょ。よく探して！
ミサト　ついさっき買ったばっかりだよ。
メイ　ないないない！　ほんとにないんだって！
ユキ　落ち着いて、チケット売り場からのこと思い出して！
メイ　売り場から？　えっと。チケット買って〜お財布しまって〜トイレ行って〜それだけだよ？　何でないの？
アカリ　（走って出てきて）あったよ！　これじゃない？

メイ　アカリちゃん！
ミサト　どこにあったの？
アカリ　売店の前！
ユキ　何で売店の前？
メイ　あ〜そうだった。ポップコーン買おうと思ったんだった！
ユキ　のんびり買ってる場合じゃないでしょ〜！
アカリ　始まっちゃってるんだから急ごうよ。
メイ　ごめんごめん。
ミサト　ほら行くよ。（走る）
アカリ　やっと入れる〜！（走る）
メイ　ホントごめ〜ん。（走る）

再び音楽高まり、友人たち走り去る。弟が出てきてメイと二人になる。そこはメイの家。

弟　姉ちゃん！　俺のコンパスどこ？
メイ　え？　コンパス？
弟　また持ってったでしょ？　勝手に。
メイ　あ〜、コンパスね。うん借りた〜。
弟　宿題ができない！
メイ　あ〜そうだったんだ。ごめんごめん。謝るから。ね。
弟　こういうのやめてって言ってるでしょ？　いっつもいっつも！
メイ　だってさあ〜。私のコンパスどっかいっちゃったんだもん。
弟　だからって勝手に借りないで！　俺のものには触らないで！
メイ　え〜。そんなこと言わないでさ〜。ね、今度アイス買ってあげるからさ〜。
弟　で？　コンパス。（手を出す）
メイ　あ〜ね、あれは〜、そのまま学校に置いて来ちゃったっていうか〜。また忘れると困るじゃん？
弟　（全身で怒る）
メイ　ね、ごめん。ごめんってば。機嫌直してよ。
弟　いっつも調子いいことばっか言って。どうせまたやるんだよ、姉ちゃんは！　お母さーん！　宿題できない〜！（去る）
メイ　ごめんって〜。アイス二個買ってあげるからさ〜。

再び音楽高まり、メイも走り去る。入れ替わりに出てくるのは生徒1と生徒2。

生徒2 どうだった？
生徒1 織田信長が……制服で三つ編みしてた。
生徒2 他には？
生徒1 ……ザビエルが、ザビエルが！
生徒2 返す時、宮崎さんは何て？
メイ（声） 借りてるの忘れちゃって、自分のやつだと思って気づいたら……。謝るから、許して！ マジでごめんって～。
生徒1 ザビエル～！

再び音楽高まり、暗転。

第3場〔部活で〕

明るくなると、そこは校舎の一角。部活（運動部）のトレーニングをしているチエ・ユキ・ミサト・アカリ。

ユキ でね、結局みんなで猛ダッシュ。
チエ 映画には間に合ったの？
アカリ 予告編がちょうど終わるところでなんとかセーフ。
ユキ 席が真ん中の方だったからさ、恥ずかしかったよ。
チエ ああ、わかるわかる。
アカリ チエちゃんも来ればよかったのに。
ミサト そうだよ、ドタキャンなんだもん。
チエ ごめんって。
アカリ まあ仕方ないけど。
チエ 本当は私も見たかったんだけどね、映画。
ユキ 今度またみんなで行こうよ。来月『名探偵ドナンくん』の続編やるって！
チエ えーそれは見たい！
アカリ でしょ？ これは行くっきゃないでしょ！
ミサト そうだ！ 明日はみんな空いてる？ 部活終わった後。
アカリ 明日何時までだっけ？
ユキ 午前中だけ。
アカリ 暇だよ。部活以外なーんもなし。

ミサト　じゃあさ、久しぶりに家に来ない？　『ムーンウオーズ』のＤＶＤレンタル中なんだけどさ、一緒に観ようよ。
アカリ　ねえ、ディズニーも観たい！　私持ってくからさ、それも観ようよ。
ミサト　いいけど、『ムーンウオーズ』が先ね！
アカリ　チエちゃんも来るでしょ？
チエ　あ……うん。
アカリ　忙しい？
チエ　まあ……忙しいっていうか。
ミサト　日にち変えようか？　明後日は？　日曜日。
チエ　いいよ、いいよ。私に合わせなくても。
ミサト　だって、チエもめっちゃ好きじゃん。ＳＦ！
チエ　好きだよ。ＳＦっていうより『ムーンウオーズ』がめっちゃ好き！
アカリ　じゃあチエちゃんも一緒じゃなくっちゃ。
ミサト　日曜でどう？　ユキ？
ユキ　私は大丈夫。
アカリ　チエは？
チエ　うん……。ほら、練習しよう。さぼらないさぼらない。

そこにメイがやって来る。メイは制服姿。

メイ　お～。
ミサト　遅い！
ユキ　何やってたの？
メイ　再登校。で、そのあと怒られてた。
ミサト　また～？
メイ　もう疲れた～。家遠すぎ。
アカリ　再登校が趣味みたいになってるじゃん。
メイ　ほんとそれ！　いいじゃんね、保護者会の出欠くらい明日でも。
ミサト　いや、それの締め切り一昨日だから。
メイ　あれ、そうだっけ？
ミサト　そうだよ。
アカリ　ま、いつものことじゃん？
ミサト　いつもどおりか。
ユキ　ねえ、それよりメイも来るでしょ？
メイ　何が？
アカリ　恒例の映画祭り！　今回はミサトちゃん家ね！
ミサト　明日、部活午前中だからさ。その後、家に来ない？

メイ　行く行く！

ユキ　あれ、日曜じゃなかったっけ？

ミサト　あ、そっか。

メイ　どっちでもＯＫ！　行きます行きます。

アカリ　今度は遅刻しないでよね。待たないからね。

メイ　頑張りまっす！

ユキ　メイの遅刻癖、なんとかならないのかねえ。

メイ　本当、ご迷惑ばかりでごめんなちゃい。（おどけた笑顔で）

ユキ　この顔がねえ。なんか許しちゃうんだよね。

アカリ　もー！　なんかずるいぞ！

メイ　ごめん、ごめんって。何がごめんなのかわからないけど！

ミサト　直す気あるのか～

メイ　直す気あるある！　直す気満々！

騒いでる三人から少し離れたところにいたチエ。

チエ　直らないよ。メイは直らない。

ユキ　チエ？

チエ　ごめん、せっかくだけど明日も明後日も私行けないや。

アカリ　え、なんでなんで？

チエ　みんなだけで観たほうが楽しいよ。

ユキ　ちょっと、どうしたの？

チエ　じゃ、ちょっと先生呼んでくるから。ちゃんと練習してて。

チエ去る。あっけにとられる四人。

アカリ　チエちゃんどうしちゃったの？

ユキ　わかんない。

ミサト　怒ってない？

ユキ　怒ってたね。

アカリ　でもさっきまで普通だったよ？

ユキ　メイ、チエとけんかした？

メイ　あ～、やっぱりそうなのかな。

アカリ　わからないの？

メイ　なんか、このごろ避けられてるかなって。

アカリ　何かあったの？

メイ　うん、考えてるんだけどさ……

ミサト　心当たりは？
メイ　それが、ありすぎてわかんなくてさ。
三人　なるほどね。
ユキ　いつから？
メイ　はっきりしないんだよね。ちょっとずつ、変だな～？ってなってて。
アカリ　何かしたんじゃない？
メイ　遅刻？
ミサト　いつもしてる。
ユキ　大事な時に遅刻したとか。
メイ　そんなことあったかなあ。
アカリ　忘れ物借りたときとか？
ユキ　同じクラスだからチエからは借りないでしょ。
メイ　あ！　小テストのとき借りた消しゴム、まだ返してなかった。
ユキ　それかな。他には？
メイ　ノート写させてもらった。
ユキ　ちゃんと言った？
メイ　後でちゃんと言ったよ。
ミサト　先に言わなきゃ。
アカリ　鞄とかさわったりしたとか。勝手に出したりしなかった。
メイ　ああ～。
アカリ　したんだ。
メイ　したような気がする。
アカリ　ダメじゃん！
メイ　ダメ？
三人　ダメ、絶対！
ユキ　親しき仲にも、ってやつあるじゃん？　いくらチエとメイが幼なじみでもやっちゃだめ。
メイ　わかった。それかな、チエが怒ってるの。
アカリ　二人がけんかするの嫌だよ～。
ミサト　映画祭りは、仲直りしてからみんなでやろうよ。だから早く仲直りしてよね。
メイ　うん。わかった！

第４場〔ＬＩＮＥくん〉

音楽。ＬＩＮＥくんが登場。下手前にメイが出て、スマホを触っている。下手のＬＩＮＥはメイからの送信。上手はチエからの送信。

メイＬＩＮＥ　（巨大スタンプの絵を見せながら）ハロ〜！ ……おーい！……もしもーしってば〜。見てるなら答えてよ〜。

チエも上手前に登場。スマホを触るチエ。

チエＬＩＮＥ　何？
メイＬＩＮＥ　何かさ、怒ってない？
チエＬＩＮＥ　別に。
メイＬＩＮＥ　いや、怒ってるよね？　絶対怒ってる。その返事がまさに怒ってるって感じ。
チエＬＩＮＥ　で？
メイＬＩＮＥ　（巨大スタンプの絵を見せながら）ごめん！
チエＬＩＮＥ　何が？
メイＬＩＮＥ　だからごめんって！
チエＬＩＮＥ　だから何に対して謝ってるわけ？
メイＬＩＮＥ　えっと、それを教えてほしいんだけど。なんで怒ってるの？
チエＬＩＮＥ　何それ？　わからないの？
メイＬＩＮＥ　勝手に消しゴム借りたから？　それか〜遅刻したから？
チエＬＩＮＥ　違う。
メイＬＩＮＥ　え〜じゃあなんで？　なんで？
チエＬＩＮＥ　あのさ、私が怒ってるのに、なんでそれを丁寧に説明しなきゃならないわけ？
メイＬＩＮＥ　だって〜教えてくれなきゃわからないじゃん。
チエＬＩＮＥ　……。
メイＬＩＮＥ　……（困った上で、巨大スタンプを出す）「?·?」
チエＬＩＮＥ　なに、そのスタンプ。
メイＬＩＮＥ　わからないから教えてほしいって意味。
チエＬＩＮＥ　そんなことはわかってる。よくそんなスタンプ送れるねって言いたいの。
メイＬＩＮＥ　わからないからわからないって言ってるだけじゃん。
チエＬＩＮＥ　謝る気あるの？
メイＬＩＮＥ　あるよ！　あるある！　ごめんなさい！
チエＬＩＮＥ　何で怒ってるかわからないのに、謝るの？
メイＬＩＮＥ　だってチエが教えてくれないからわから

ないんじゃん。でも、仲直りしたいし。だから謝ってるんだけど。
チエLINE それって何かおかしくない？
メイLINE そうかな？　ね？　許してくれる？
チエLINE ……。
メイLINE おーい。
チエLINE ……。
メイLINE おーい。
チエ 謝り方、ちがくない？
チエLINE メイなんかもう知らない！

チエとチエのLINE去る。メイのLINEショックを受けて去る。

メイ え、ちょっと待って。……だめだ。既読にならない。(チエの方に)理由くらい教えてくれたっていいじゃん！

音楽。メイは去る。

第5場〔校舎広場〕

昼休み。ベンチが二つある校舎の一角。ミサト・アカリ・ユキ・チエが出る。

アカリ ねえチエちゃん、今メイちゃんとケンカしてる？
チエ ケンカって言うか……まあ、そうかな。
アカリ なんで？
チエ ……うまく言えないんだよね。
アカリ 遅刻したとか、勝手に借りられたりしたから？
チエ そんなのはもう今さらだよ。
ミサト 確かに、今さらそれで怒ってたらメイとは友達やってられないもんね。
ユキ 私たちも慣れちゃったしなあ。メイのこと。
ミサト じゃあ、怒ってるのは別のこと？
チエ うん。
アカリ わかった！　メイちゃんが鞄の中あさったからでしょ！
チエ それも今さら。
ユキ チエ、知ってたの？

チエ　知ってるよ。でも慣れちゃった。
アカリ　慣れちゃったって！
ユキ　しかも許せるんだ。
チエ　まあ、付き合い長いからね。麻痺しちゃってるのかも。
アカリ　メイちゃん、一体何したの？
ミサト　じゃあさ、なんで怒ってるわけ？
チエ　う〜ん。説明しなきゃだめ？
ユキ　言いたくない？
チエ　うん。何か説明するの難しくて。
ミサト　きっかけはあったの？
チエ　あった。
ユキ　それ、メイに言ったら？
チエ　メイ、なんにもわかってないんだよね。とりあえず謝ってる。
ユキ　メイには言わなきゃわからないよ。
チエ　そうなんだろうけどさ、それじゃ意味がない気がして。
アカリ　なんで？
チエ　私が説明したらメイはきっと「ごめんね」って言う。でもどうして私のほうから説明しなきゃいけないの？　怒ってるのは私なのに。それにメイはきっと繰り返す。そう思ったら、なんか……。
アカリ　わかるような、わからないような。
ミサト　とにかくチエはなんかモヤモヤしてるんだよね？
チエ　うん。
ユキ　チエがこんな風に怒るのって初めて見たかも。
アカリ　アカリも！
チエ　私もこんな気持ちになったの初めてかもしれないな。
アカリ　早く仲直りしてよ〜。ケンカしてるの嫌だよ〜。
ミサト　仲直りするまで「ムーンウオーズ」お預けなんだからさ、早いとこなんとかしてよね。
チエ　私抜きでいいよ？
ミサト　そういう訳にはいかないでしょ！
チエ　……ごめん。私のわがままだよね。
ユキ　いいんじゃない？　怒りたいときは怒っていいんだよ。
チエ　いいのかな？
ユキ　いいんだよ。
ミサト　悪いけど、私はどっちの味方にもならないよ。

チエ　うん。それでいいよ。
アカリ　えーケンカしたままなの？
チエ　ごめんね。どうしても折れたくないんだ。あ、じゃあ私行くね。（去る）
アカリ　え、どこ行くの？
ミサト　ああ、ほらあっち、メイが来る。

チエと入れ替わりにメイが来る。

メイ　お〜。いまチエがいなかった？
ユキ　いたよ。
メイ　やっぱ私避けられてるのかな。
ユキ　ね、メイ。ちゃんと話したほうがいいよ。
メイ　話したよ。
ユキ　なんで怒らせたかはわかったの？
メイ　遅刻とか、勝手に借りたこととかじゃないんだって。でも理由教えてくれなくてさ。教えてってお願いしたのに、既読にもならないんだよ。
ユキ　メイ、既読って……どうやって謝ったわけ？
メイ　え？　ＬＩＮＥ。
ユキ　私さ、スマホ持ってないからよくわからないけど、本気で怒ってるときはＬＩＮＥでっていうのよくないと思う。
ミサト　うん、わかる。
メイ　そうなの？
ミサト　なんか文だと伝わらないじゃん。メイが本当にごめんねって思ってても……

メイＬＩＮＥだけ登場。

メイ　何かさ、怒ってない？（真剣に）
メイLINE　何かさ、怒ってない？（軽い感じ）
メイ　怒ってるよね？　絶対怒ってる。その返事がまさに怒ってるって感じ。（真剣に）
メイLINE　怒ってるよね？　絶対怒ってる。その返事がまさに怒ってるって感じ。（軽い感じ）
アカリ　メイちゃん、あの変なスタンプとか使ってそうだしね。
メイLINE　ごめんね！（巨大スタンプを見せながら）
メイ　使った。
三人　アウト！

メイLINE、うなだれて去る。

メイ　そんなつもりじゃなかったんだけどなあ。
ミサト　チエはきっと軽いって思ってるよ。
ユキ　もう一回直接話しなよ。
メイ　だって〜チエが避けるんだもん。そのうち許してくれるんじゃないかな。
ユキ　そんな感じじゃなかったよ、チエは。ちゃんとしないと許してくれないよ？
メイ　でも何で怒ってるかわからないんだもん。教えてくれないチエだって悪いじゃん。
ユキ　そうじゃなくない？　メイがきちんと話に行くのが先でしょ？
メイ　だから、避けられてるんだってば。
ユキ　それでも話すの！　仲直りしたくないの？
メイ　したいよ！　だから謝ってるし。
ユキ　だから！　謝り方が悪いんだって言ってるでしょ！
アカリ　私たちまでケンカしちゃだめだってば！
ユキ　もう、なんでわからないかなあ。
ミサト　メイ、何でチエが怒ったか本当にわからないの？
メイ　わかんない。ってか、みんなは聞いてないの？
ミサト　聞いてないよ。言いたくなさそうだったからね。
メイ　だったらもうしょうがないじゃん。私がわかるわけない。
ユキ　だから！　なんでそうなるの？
ミサト　ユキ、もういいよ。
ユキ　だって！　なんで当の本人がこんなの？　チエが真剣に悩んで怒ってるのに！　チエがかわいそうだよ。
ミサト　わかるけどさ、ね？
ユキ　私はもう知らない！（去る）
メイ　なんでユキまで怒るの？
アカリ　メイちゃん。チエちゃんは私たちにごめんって言ってたよ。こういう空気になっちゃったこと、ごめんねって。それでも怒ってる気持ち、止まらないんだよ。
ミサト　このままじゃチエと元に戻れないよ？　それでいいの？
メイ　それは嫌だ。仲直りしたいよ。
ミサト　じゃあ諦めないでなんとかしないと。でしょ？
メイ　……うん。
アカリ　わかった！　ちょっとアカリに任せて！

アカリ去る。

メイ　どこに行ったんだろ。

ミサト　さあ。

メイ　なんでこうなっちゃったかなあ。

ミサト　メイとチエって保育園の時からじゃない？　ケンカした時っていつもどうしてたの？

メイ　実は、チエとはケンカしたことないんだよね。

ミサト　え？　ホント？

メイ　ホントホント。

ミサト　メイが遅刻しても？

メイ　うん。

ミサト　約束守らなかったりしても？

メイ　すぐ許してくれてた。

ミサト　すごいね。

メイ　私こんな感じだから、怒らせちゃうのとかけっこうあるんだけどさ、チエがこんな風になるのは初めてでさあ。どうしていいかわからないんだよ。

ミサト　普段優しい人のほうが、怒らせると怖いっていうからね。

アカリが戻ってくる。

アカリ　おーい、お待たせ！

ミサト　お帰り。どこ行ってたの？

アカリ　「本」だって。

ミサト　本？

アカリ　チエちゃんに聞いてきたの。このままじゃ私たちまで変になっちゃうから。きっかけは何だったの？って。

ミサト　それで本？

アカリ　そう。

ミサト　メイ、心当たりある？

メイ　……ある。

音楽。回想。上手前、下手前にサス。メイとチエが二つのサスを行き来する。ミサトとアカリは去る。

チエ　メイ、あの本、もう読んだ？

メイ　え？　本？

チエ　こないだ貸した小説。

メイ　あ、あれ。うん！　読んだよ。

チエ　じゃあ、明日持ってきてよ。また読みたくなっちゃってさ。

チエとメイの立ち位置を変える。

チエ　そうだ、今日は持ってきてくれた？　あの本。

メイ　あ、あ～。ごめん。

チエ　また忘れたの？

メイ　ごめん！　明日こそ持って来るから！

チエとメイの立ち位置を変える。

チエ　もう！　あれから一週間だよ。今日こそ返してよね！

メイ　ごめんって～。明日！　明日こそ忘れないようにします！

チエ　じゃあ今度忘れたらさ、直接メイの家に行くから。いいでしょ？

メイ　え、家くるの？

チエと手を振って別れる。チエが少し遠くに行く。

メイ　……どうしよう。

メイ、チエのそばに行く。

メイ　あのさ、チエ。あの本のことなんだけど。

チエ　今日こそ持ってきた？　忘れたらメイの家ね。

メイ　ごめん！　実は、なくしちゃった！

チエ　え？

メイ　なくしちゃったんだよ、本。

チエ　どうして？

メイ　読んだ後、どこやったかな～って。探したんだけど見つからなくて。ホントにごめんね！

チエ　もっと探してよ、ね？　きっとどこかにあるって。

メイ　探した探した。いっぱい探した。

チエ　ないはずないよ。ね？　お願い！　一緒に探すから！

メイ　ホントごめんって。埋め合わせするから！　ごめんね！

メイ、逃げるように去る。残ったチエ、悲しげに去る。

第6場〔登校中。仲直り作戦〕

アカリとユキが出ている。そわそわして立っている。そこにミサトとチエが出る。登校中の様子。

チエ　おはよう！

アカリ、ユキ　（ドキッとして）あ、おはよう。

チエ　どうしたの？　学校行かないの？

アカリ　（ぎくしゃくしながら）あ〜、なんか一緒に行こうかな〜って思って？　ここで待ってみた。

チエ　ミサトも今日は家に迎えに来てくれたんだよ。一緒に行こうって。ね？

ミサト　うん。なんとなく一緒に行こうかな〜ってね。（アカリを隅に引っ張って行き）ちょっとアカリ、まだなの？

アカリ　そうなんだよ！

チエ　どうしたの？　行こうよ？

アカリ　あ、ちょっと待って。あれ〜おかしいな。忘れたかなあ。

チエ　忘れ物？

アカリ　あ〜、うん。そう、忘れ物！　忘れ物！　ちょっと待ってて。

チエ　え？　遅れちゃうよ。私たち先行ってるから。

アカリ　すぐだから！　ね、お願い。待ってて！（ミサトに）ちょっと見てくるね。（走り去る）

ミサト　待ってようか。ね？　まだ間に合うし。

チエ　うん、いいけど。

ミサト　（ユキに寄って）どうしよう。

ユキ　私とアカリ、十分前に来たんだよ。ホント信じられない！

ミサト　（チエに聞こえていないか気にして）ちょっと、ユキ。

ユキ　……ごめん。

ミサト　あ〜、えっと、何忘れちゃったんだろうね、アカリ。

チエ　今日宿題なかったよね？

ミサト　なかったなかった。体育着かな？

アカリ（声）　ほら！　早く！

メイ（声）　ごめん！　待って〜。

アカリ、メイを連れて戻ってくる。

チエ どういうこと？
アカリ チエちゃん、メイちゃんと話して？
ミサト ごめんね、チエ。待ち合わせしてたんだ。
チエ ……。
メイ あ、あのさ。
チエ うん。
メイ ……ごめん！
チエ ……何を謝ってるの？
メイ 本！ あの借りてた本！ チエが怒ってるの、あの本のことなんだよね。なくしちゃったこと本当にごめんなさい。
チエ 探してくれたの？
メイ やっぱりなくてさ、で、これ（新しい本を渡す）
アカリ 昨日、本屋さんで見つけたんだよ。同じだよね？ この本。
ミサト なかなかなくてさ、三つ目の本屋でやっと見つけたよ。
メイ もっと早く弁償すればよかったね。なくしたら弁償しろってミサトに怒られちゃったよ。ホントにごめんね！
チエ ……。
メイ 許してくれる？
チエ これじゃない。（突き返す）ごめん、私先行く。（走り去る）
アカリ え？ え？ ちょっと待ってよチエちゃん！
ミサト これじゃないって……本、間違えた？
メイ ううん、これだよ。この本！ 間違いない。
ミサト じゃあなんで？ これじゃないって言うの？
メイ わかんないよ。ってかなんでまだ怒ってるの？ 弁償したじゃん。
アカリ メイちゃん、ごめんね。うまくいかなかった。
メイ 私、謝ったよね？ 弁償したじゃん？ まだ怒ってるってチエのほうがおかしくない？
アカリ メイちゃん、もう一回考えよう？ ね？
メイ 無理だよ。ミサトに言われて弁償までしたのにさ。弁償なんかしなけりゃよかった。もういいよ。学校行こう？
ユキ 待って。何それ。
メイ 何って何？

ユキ　ミサトに言われて弁償したって何？
メイ　だってそうじゃん。
ユキ　弁償したのはミサトのせいじゃないでしょ？
メイ　そういう意味じゃないよ。
ユキ　そう聞こえた。ミサトは？
ミサト　うん。
ユキ　それに、なんで遅れたの？
メイ　普通に……寝坊？
ユキ　なんで寝坊するの？
メイ　ごめんね。
ユキ　ごめんねとかじゃなくて、なんで寝坊するの？って聞いてるの。普通にって何なの？
メイ　わざとじゃないよ。
ユキ　わざとじゃなくても、おかしいでしょ？　みんなメイのためにやってるのに。アカリはメイのために走ったんだよ？
アカリ　メイちゃん来ないからすごい焦ったよ。
ユキ　私たちが必死になることなの？
メイ　ごめん。感謝してるよ。
ユキ　してない！
メイ　してるよ！　ごめんって思ってるし、ありがとうって思ってる。
アカリ　ケンカしないでよ。
ユキ　メイの「ごめん」も「ありがとう」も伝わらないよ。
メイ　どうしろって言うの？
ユキ　自分で解決しなよ。メイが頑張ることでしょ。二人も、もう助けなくていいよ。（去る）
アカリ　……メイちゃん、ごめんね。うまくいかなくて。
ミサト　アカリが謝ることないよ。メイ、昨日私たち、塾さぼって本屋行ったんだ。それで今日遅刻するって、それはないよ。（去る）
アカリ　行こう、メイちゃん。（去る）

一人残るメイ。音楽。照明も変わる。

メイ　謝ってるじゃん。弁償だってしたじゃん。遅刻したのは悪かったけど。なんでこうなっちゃったんだろ。

チエが通りかかる。メイが話しかけるが無視される。

メイ　もうこんなの嫌だよ。私が頑張ることって……。

頑張ることだよね。わかってるよ。でもどうすればいいの？

サスの中にユキ、ミサトが出る。近づくメイ。気まずい関係の様子。友人たち去る。一人ぼっちのメイ。

メイ　……よし！

カヤＬＩＮＥ、下手前に出る。メイは上手前に。

カヤLINE　メイちゃん久しぶりだね。どうしたの？
メイ　（ＬＩＮＥを打つ）
カヤLINE　え？　お願い助けて？……って何があったの？
メイ　（ＬＩＮＥを打つ）
カヤLINE　相談したい？　いいよ。何？　何？
メイ　（ＬＩＮＥを打つ）
カヤLINE　直接話したい？　ＯＫ～。わかった。学校のベンチのとこね！　じゃあ、明日！

カヤＬＩＮＥ去る。メイも去る。

第7場〔真相〕

再びベンチが二つある校舎の一角。チエの妹のカヤがいる。そこにメイが来る。

カヤ　メイちゃん久しぶり。相談ってなに？
メイ　カヤ久しぶり。いや、ちょっと聞きたいことがあって。
カヤ　聞きたいことって？
メイ　チエのことでさ。ちょっとケンカしちゃって。
カヤ　お姉ちゃんとケンカしてるの？　メイちゃんとお姉ちゃんでもケンカするんだ。
メイ　こんなの初めてでさ、どうしたらいいかわからないんだよ。チエ、家で何か言ってなかった？
カヤ　お姉ちゃん、めったに怒らないけど、怒ると長いからなあ。
メイ　わかる！
カヤ　メイちゃん、何したの？
メイ　本だって。チエに借りた本なくしちゃってさ。

カヤ　なんの本だったの？
メイ　小説。チエが「これ読んで」って貸してくれたんだけどさ、「あとがきの最後。その最後の最後までちゃんと読んでね」って、言ってたやつで。
カヤ　……もしかして、あの本かな？
メイ　え、何？
カヤ　おばあちゃんからもらった本。
メイ　おばあちゃんって、たしか去年。
カヤ　うん、そう。おばあちゃん、私とお姉ちゃんに一冊ずつ本をくれたんだ。
メイ　亡くなる前にくれたの？
カヤ　私とお姉ちゃんでお見舞いに行ったときにね。それが、私たちがおばあちゃんと話した最後になっちゃったんだけど。その本おばあちゃんが大好きなお話だったんだって。だから私たちに持っててほしいって。本の最後のページにおばあちゃんからのメッセージが書いてあったんだよ。
メイ　気づかなかった。
カヤ　その本借りたの？
メイ　たぶんそのおばあちゃんの本だったんだと思う。
カヤ　よく貸したね。私には触らせてもくれないんだよ？
メイ　どうしよう。大事な本だったんだ。
カヤ　メイちゃん、さっき、なくしたって言ってたよね。
メイ　……うん。
カヤ　お姉ちゃんそれで怒ってるんだよ。間違いないって。早く探したほうがいいって。

　カヤの友達が来る。

友達　カヤちゃん！　部活行かないの？
カヤ　あ、行く行く。
友達　準備サボると先輩に怒られるよ。
カヤ　やば！　じゃあね、メイちゃん。

　カヤ、友達と去る。音楽。

メイ　どうしよう。ホントにどうしよう。

第8場〔本当に謝るということ〕

中央サスにメイが取り残される。周囲の照明も変わる。
メイの心の中のイメージ。

メイ 私はいつも謝ってる。ごめん。ごめんね！ ごめんなさい！……でも、どうしよう。謝ってもだめだ。「ごめん」じゃだめだ。どうしたら許してくれる？

メイ、スマホを触ろうとする。四人の黒服が出ている。

黒服四人 それでいいの？
黒服① 怒ってるときにLINEでっていうの嫌だな。
黒服② 文だと伝わらないんだよ。
メイ そうか。じゃ、電話！
黒服四人 それでいいの？
メイ やっぱ、直接がいいよね。（スマホをしまう）
黒服四人 どうやって呼び出そう。
メイ あのさ、チエ！
黒服① （無視して行ってしまう）
メイ チエ！
黒服②③ 話したくない。（二人とも行ってしまう）
メイ 無視されたらどうしよう。……よし！ それなら！
黒服④ （メイに近づいて）メイ。
メイ どうだった？
黒服④ 会いたくないって。友達使って様子うかがうなんて、こそこそしたことするなって怒ってる。
メイ どうやって伝えよう。どうやって呼び出せばいい？ 私いままでチエと会う時どうしてたっけ？ わからない、わからないよ。

黒服①～⑥が出る。メイを拒絶するような態度。

黒服① メイが頑張ることでしょ。
黒服② なんで当の本人がこんなの？
黒服③ いつも言ってるよね。「ごめん」ってさ。
黒服④ でもメイは謝ってない。
メイ 謝ってる！
黒服⑤ 悪いと思ってない。
メイ 思ってる！
黒服⑥ 伝わらないよ。

黒服たち去る。入れ替わりに黒い恰好をしたチエが出る。

メイ　チエ、手紙書いてみたよ。私の気持ち、読んでくれる？

チエ　手紙？　なんで直接言わないわけ？　逃げないでよ。

メイ　手紙だと、読んでくれないかもしれない。どうしたら許してくれる？

チエの立ち位置が変わっている。

メイ　チエ！　大事な本汚しちゃってごめん！　これ、お詫び。受け取ってくれる？

チエ　そんなのいらない。あの本じゃなきゃ意味ない。結局さ、物でごまかそうとしてない？

メイ　そういうつもりじゃ！……どうすれば許してくれるんだろう。話を聞いてくれないかもしれない。顔を見るのも嫌なのかもしれない。しつこくしたら嫌われるかもしれない。もう、私たちダメかもしれない。

チエ　メイなんてもう知らない。

チエはメイに背を向けて去る。メイも追って去る。音楽、高まる。

第9場〔自宅〕

音楽が止み、照明も変わる。そこは、メイの自宅。弟がイライラした様子で待ち構えている。メイが帰ってくる。

メイ　ただいまー。

弟　姉ちゃん！　ドンの散歩、俺が行ったんだからな。

メイ　ごめんごめん。今日、それどころじゃなかったんだって。

弟　いっつも俺ばっかじゃん。交代で行くって約束なのに。

メイ　ごめんって。またアイス買ってあげるから。ね、許して。

弟　アイスアイスって、何なんだよ。そんなんでごまかすなよ。

メイ　今日はそれどころじゃなかったんだって。

弟　今日はって、いつもじゃんか。ホントおまえ最悪！

メイ　わかった。全部私が悪いんでしょ？　何もかも。

全部私のせいなんでしょ？　あんたまで怒んないでよ！
母　ちょっと、何大きな声出してるの。
弟　母さん、俺、もう姉ちゃんのこと許さない！（怒って去る）
母　どうしたの？
メイ　ドンの散歩でキレられた。
母　それは怒るでしょ。あんた押しつけてばっかりなんだから。
メイ　でも！　今日は！……本当にそれどころじゃなかったんだって。
母　そんなのこっちにはわからないわよ。遅くなるときはちゃんと言う約束だって守らないんだから。
メイ　……そうだけど。
母　それでどうしたの？　今日は。
メイ　ちょっとチエとケンカしちゃって。
母　チエちゃんとケンカなんてめずらしいね。
メイ　初めてケンカした。
母　どうりで最近チエちゃんの名前が出ないと思った。仲直りしてきたの？
メイ　まだ。どうすればいいかわかんなくて。
母　どうしてケンカになったの？
メイ　私がチエの本ダメにしちゃって。その本、亡くなったおばあちゃんにもらった大事な本だったんだって。おばあちゃんからのメッセージもあって。だから弁償しても、別のじゃダメで。
母　ダメにしたってどうしたの？
メイ　なくした。
母　探したの？
メイ　……っていうのは嘘で。本当は、これ。（汚れた本を出す）
母　汚しちゃったの？
メイ　うん。コーヒーこぼしちゃった。
母　ずいぶん汚したね。本当のこと言わなかったの？
メイ　なんとなく返せなくて。なくしたって言っちゃったから。
母　正直に言って、精一杯謝らなきゃ。
メイ　謝っても本が元に戻せないんじゃ意味ない。
母　意味がないなら謝らなくてもいいの？
メイ　それは違う。……けど！　許してもらえないよきっと！
母　許してもらえなくても謝ることが大事なんじゃな

い？

メイ　でも怖いよ！　きっと許してくれない。余計に怒るかもしれない。

母　会ってみなくちゃわからないじゃない。

メイ　だって！……部活の友達も「伝わらない」って。私はごめんって言ったんだよ？　でも伝わらないって。何で「伝わらない」わけ？

母　……あのさメイ。さっき何でソウスケが怒ってたかはわかる？

メイ　ドンの散歩に行かなかったから。

母　それだけ？

メイ　他にあるの？

母　一回くらいドンの散歩行けなかったからって、あんなにソウスケが怒ると思う？

メイ　わかんない。

母　あんた、このところソウスケに何をした？

メイ　……。

母　いっぱいあるよねえ。ドンの散歩はほとんど押しつけちゃってるし、勝手にものは持って行くし。

メイ　謝ってるよ。

母　確かにメイは謝ってる。メイの口癖みたいになってるね。「ごめんごめん」って。でもすぐにまた同じことをされたらどう思う？

メイ　……。

母　ごめんって、謝れば、相手は期待するんだよ。

メイ　期待？

母　もうしないよね、直してくれるよねって。ただ「ごめんね」を言えばいいんじゃないの。「ごめんね」以外の部分こそ大事なんじゃないかな。

メイ　「ごめんね」以外の部分？

母　メイは、チエちゃんとどうなりたいの？

メイ　許してほしい。また仲良くしたい。話せるようになりたい。

母　チエちゃんに、またメイのこと好きになってもらいたいんでしょ？

メイ　うん。好きになってもらえるかな。

母　そうなるように、メイが頑張るの。

メイ　チエが何してほしいかなんてわかんないよ。

母　何をするとかじゃないと思うよ。自分の気持ちばっかりじゃだめ。チエちゃんの気持ち、大事なのはそこでしょ？

メイ　……謝るって難しいな。

母 あんたがそれに気づくの、もうちょっと早ければよかったね。
メイ お母さんにもこういうのあった？
母 あったあった。山ほどあったわよ。
メイ ケンカしたときとか？
母 ケンカもそう。仕事で失敗しちゃったときもそう。取引先の人怒らせちゃったりね。どうしたらいいんだろうって、必死に考えたよ。
メイ 全部うまくいった？
母 そうね。……いったり、いかなかったり。でも、そのままにしておくのは後悔するよ。
メイ 後悔したことあるの？
母 お父さん、あんたのおじいちゃんね。おじいちゃんとはケンカしたままだったから。
メイ だからおじいちゃんとお母さん、仲悪かったんだ。
母 今でも後悔してるよ。ちゃんと謝っておけばよかったって。わかってもらえなくても、なんで頑張らなかったんだろうって。ね、メイ。あんたは後悔したくないでしょ？ だったら逃げちゃだめ。チエちゃんのこと一生懸命考えて、精一杯伝えなきゃ。
メイ うん。
母 どうしたらいいかわかった？
メイ なんて言えばいいかはわかんないけど。でも伝えてみる。
母 メイはできるよ。
メイ うん。お母さん、ありがとう！

音楽の中、メイは母に何かをお願いし、母は笑ってうなずく。メイはスマホで電話をかけ、飛び出していく。
母、見送ってから去る。

第10場〔ごめんなさい〕

夜の公園。メイが先に待っている。チエが来る。

メイ チエ！ 来てくれてありがとう。
チエ ……うん。
メイ 本のこと、カヤから聞いた。もう、なんて言っていいのかわからない。何言っても伝わらないかもしれない。うまく言えないけど、チエに悪いことしたって思ってる。本当にごめん！
チエ　……。
メイ　あのね、実はなくしたっていうのは嘘なんだ。（本を出して）汚しちゃって、渡せなくなっちゃって、本当にごめん！
チエ　知ってたよ。
メイ　え？
チエ　私、一度メイの家に行ったの。メイはいなかったけど。ソウスケ君がいて、探してもらったの。それで見たよ、本。
メイ　何で持って帰らなかったの？
チエ　やっぱりショックだったし。メイに謝ってもらいたかったから。
メイ　……そうだよね。
チエ　なんで嘘ついたの？
メイ　え？
チエ　なんで本当のこと言ってくれなかったの？
メイ　それは。
チエ　言わなきゃばれないって思った？
メイ　そういうわけじゃない。
チエ　じゃあどうして？
メイ　そこまで考えてなかった。とっさに言っちゃって。
チエ　ショックだった。
メイ　ごめん！　でも、ごまかそうとか、そういうんじゃなくって。
チエ　そうだとしても、ショックだった。
メイ　……（心を込めて）ごめん。
チエ　……。
メイ　こんな私だからもう嫌いになったかもしれないけど、私はチエと友達でいたい。またチエと話したいし、仲良くしたい。とにかく、それを伝えたくて……。
チエ　……ねえ、メイ。私が何でメイとずっと友達でいたのかわかる？
メイ　え？
チエ　メイがどんなに遅刻しても、約束忘れちゃっても、メイと友達でいたいって思ってた。
メイ　今は違うの？
チエ　ねえ、メイ、覚えてない？

照明変わる。小学生の頃のチエが出る。

小学生チエ　（泣いている）

チエ　小学校三年生の時。校門の桜の木の下で。覚えてない？
メイ　小3？……桜の木？
チエ　ほら、クラスの男子にさ。
メイ　クラスの……。あ！
チエ　思い出した？
小学生チエ　（泣いている）
メイ　（小学生のチエに近づき）チエちゃん！　泣かないでいいよ。
小学生チエ　だって。運動会負けちゃった。私のせいで。
メイ　そんなことない！　チエちゃんのせいじゃない！
小学生チエ　だけど、私が転んじゃったから。
メイ　チエちゃんは悪くない！
小学生チエ　でもみんな言ってる。私のせいだって。
メイ　みんなって誰？　私が言ってくる。
小学生チエ　いいよ。
メイ　だって許せない！　みんなが負けたのになんでチエちゃんだけ責められるの？　私がやりかえしてやる！　誰だか言って！
小学生チエ　メイちゃんいいよ。大丈夫だから。
メイ　だって、チエちゃんが泣いてるじゃん！

小学生チエ　わかった、もう泣かない。だから、ね？　仕返しとかいいから。
メイ　ホントにいいの？　悔しくないの？
小学生チエ　うん大丈夫。メイちゃんのおかげで吹っ飛んじゃった。
メイ　あいつら、最低だよね。悔しいの全部チエちゃんのせいにしてさ。また何か言われたら言ってね。絶対許さないから。
小学生チエ　何でメイちゃんそんなに怒ってくれるの？
メイ　だって悔しいじゃん！　チエちゃん練習ですごく頑張ってたのに。私なんかよりずっとずっと頑張ってたのに。だって一番悔しいの、チエちゃんでしょ？　それなのに！
小学生チエ　（泣く）
メイ　何でまた泣くの
小学生チエ　悔しかった〜！
メイ　うん。
小学生チエ　（ひとしきり泣いて）メイちゃん、ありがとう！
チエ　メイは私のことで本気で怒ってくれた。私の気持ちに気づいてくれた。

二人のチエ　私、忘れてないよ。

照明変わる。小学生のチエは去る。

メイ　チエ。
チエ　確かに本は悲しかった。それより、ちゃんと言ってくれなかったことの方が悲しかった。ごまかされたと思ったよ。もうあの頃のメイはいなくなっちゃったって思った。
メイ　……。
チエ　メイは人の気持ち考えてくれる。友達のために本気で怒って一緒に泣いてくれる。だからどんなことがあっても私はメイと友達でいたかったんだよ。そのメイはもういないの？
メイ　「ごめん」しか言えないけど、「ごめん」じゃすまないけど、私……チエと友達でいたい。もっとちゃんとするから。頑張るから！
チエ　信じていい？
メイ　チエが悲しいのわからなくてごめん。
チエ　（本の最後のページを開く）……ねえ、メイ。これを読んで。
メイ　（本を受け取って）「自分を愛せ。友を大切に。」
チエ　おばあちゃんの言葉、読んでほしかったんだ。私も意地張って、ごめんね！（手を出す）
メイ　チエ！　ありがとう！（手を出す）

音楽高まり、暗転。

第11場〔エピローグ〕

明るくなると朝の登校風景。メイが舞台にいる。そこにユキ、チエ、アカリ、ミサト来る。

メイ　おーおはよう！
ミサト　メイが一番にいるだなんて！
ユキ　やればできるじゃん。
メイ　心を入れ替えました。できる人間になったんです。
ミサト　気づくの遅すぎ。
ユキ　またすぐに戻ったりして。
メイ　頑張るの！

アカリ　メイちゃん、教科書持ってきた？
メイ　あるよ！　あるある。
アカリ　えーっと、今日は、国語。
メイ　国語！
アカリ　数学。
メイ　数学！
アカリ　社会。
メイ　社会、家庭科、体育！　全部ある！
四人　おお〜。
ミサト　完璧じゃん。
メイ　頑張ってますから。
チエ　なんか嬉しいね。
ミサト　変わるもんだね。
メイ　褒めて褒めて〜。
ユキ　……ねえ、メイ、ブレザーは？
アカリ　あ、ホントだ！
ユキ　ブレザー。今日から冬服でしょ？
メイ　あれ？　そうだっけ？
チエ　そうだよ！
メイ　やば！　忘れてた！　どうしよ！　お願い、貸して！
チエ　無理だよ！
メイ　え〜！　じゃ、ちょっと取ってくる。
アカリ　急いで！　遅れちゃう。

　メイ走り去る。

ミサト　やっぱりメイだね。
アカリ　だね。
チエ　うん。

　メイ戻ってくる。

メイ　荷物置いてっていい？
ユキ　いいから……
四人　走れ〜！
メイ　ごめんねごめんね！　待っててね！
チエ　待ってるよ！

　駆け出すメイ。笑顔の四人。音楽高まり、閉幕。

上演のてびき

浅田七絵・星　陽子

作品について

　最近、「ごめんね」という言葉を使う場面がありましたか？　それは、どんな場面で、誰に対して「ごめんね」と言ったのでしょう？

　私自身、これまでの人生の中で使った「ごめんね」のほとんどが、何気なく無意識のうちに言ったものだった気がします。しかし、もちろん、記憶に残っている「ごめんなさい」もあります。「本当にまずいことをした」と背筋が凍り、顔が青ざめ、体が震え、何も手に付かず、うろうろと歩き回る……。そんな時は、途端に「ごめんなさい」がとても難しい言葉へと豹変します。「許してもらえるだろうか」「どうやって切り出そう」と、まず謝るまでの道のりから険しいものになります。皆さんにも、そんな経験はありませんか？

　さて、劇中のメイは、決して「いやな奴」というわけではありません。セリフにもありましたが、笑顔で「ごめんね！」と言えば、なぜか周囲が許してしまう。むしろ周囲を巻き込むような、ある意味、魅力的な人物なのかもしれません。元気で明るく、純粋で、正直すぎる（正直すぎる故に、時に相手を余計に怒らせてしまうのですが……）、そんな女の子として描きました。

　親友のチエは、そんなメイの自分勝手な振る舞いを何とかしようと、宝物の特別な本を貸します。ところが、それが返ってこない。それに加え、まるでごまかすかのような言動に、裏切られた気持ちになるのです。単にメイに怒るだけではなく、もっと深いところでメイを大切に思っているという点が難しく、表現に苦労しました。ケンカをして仲直りをする、というシンプルな筋書きだからこそ、ケンカの動機となる部分を大切にしようと心掛け、何度も演者と、チエの気持ちを確認しながら劇づくりをしました。

　小さな子どもから大人まで、もちろん中学生も、きっと誰もが一度は使ったことはある「ごめんなさい」という言葉。人生の中でたくさん使うだろうこの言葉。「メイ」の気持ちが痛いほどわかる方もいれば、普段メイのような人に振り回されている方は「チエ」に感情移入するのではないでしょうか。（作者本人は、メイ側です……）この劇を通して、心に残る何かをお伝えできたならば幸いです。

（浅田七絵）

動き・出入り・道具の使い方、場面、心象の理解などについて

セリフを読んでいるだけで取り組んでみたくなる、伝えたいこともはっきりしていて、骨格のしっかりした作品です。クスッとした笑いあり、中学生の日常にありそうな場面の設定もあって素敵な作品です。

●動きをつくる

実際に生徒たちと取り組んでみると、しっかりしたセリフ、会話があるがゆえに、身体を動かさずにセリフのやり取りに終わりがちになってしまいます。実はそこにはまり込まないよう演じるのが、最も留意するところで、舞台全面をどう使い、役者が動くかを工夫していくと、劇としての味わいが深まります。

役者も演出者も力の発揮しどころです。

例えば、第5場のベンチ2台という設定では、最初は座りきりになってしまっていました。2台のベンチをどう使うのがいいか、考え、試行錯誤しました。

仲良し4人が登場します。歩いて来て座る人、立つ人、全員が一塊にはならず、分かれて話していたり、声を掛けて近づいたりしました。話の中でベンチから立ち上がるタイミングをはかり立ち上がって演じたら、相手役にも動きが出てきます。

●この場面は、いつ？ どこ？

場面ごとにそこはどんな場所か？ 時間帯は？ 生徒とともに考えて、決めていきました。

第1場は、部活終わりの体育館で、片付け終わって下校する前、と考えて演じてみました。部活中の一休みしているときと考えて演じることもできそうです。

●場面転換の工夫

場面数が11場もありますが、その繋ぎ方に演出力が必要になってきます。

東村山第六中学校の初演では、第2場の生徒1、2の場面の前は、前の場面で電車にのるために走っているところに、大勢の生徒役が登場し、ともに走る形から踊りになり、くるりと背を向けたところでうずくまり、その姿で教室の机を思わせる場面に変わります。音も走っている感じにあったテンポの速いもので、効果を上げています。

暗転にもテンポのよい音が使われて、途切れる感じを与

えず、場面を繋げています。テンポよく場面が変わることがこの作品に命を吹き込みます。

●変調の場面

第4場、［LINEくん］のところは、劇の流れに変化を持ち込むところです。

吹き出しや巨大スタンプを使ってコミカルに、一方、チエの突き放す演技があってメイの心象を深めていきます。

●心象の表現

第5場、昼休み、ミサト、アカリ、ユキ、チエの会話からチエの怒りに気づいた友人たちが描かれ、その後にメイの、現実から逃げる弱さ、軽さが露わになってきます。第6場、［仲直り作戦］もメイ自身が変わらないために失敗に終わります。

第8場では、黒服の登場で、メイの心象が深められていき、第9場で弟の怒りと母の助言からメイの心境に変化が生まれ、現実逃避の弱さから立ち直っていきます。

第10場でようやくメイとチエ、2人の関係が修復します。「向き合う」ことの意味をメイが理解できたからです。

メイの「ごめんね！　ごめんね！」が要所要所に出てきます。これをはっきりと言うことがメリハリをつけます。重要なセリフです。

（星　陽子）

【初演】二〇一九年、東京・東村山市立東村山第六中学校。

【受賞】日本演劇教育連盟「2020年子どもが上演する劇脚本募集」特選・晩成書房戯曲賞受賞

【作者】浅田七絵（あさだ・ななえ）―東京・公立中学校教員。

［主な作品］「おもいでかぞく」（『中学生のドラマ8』晩成書房）、「花咲く庭を」（『演劇と教育』2015年3月号）、「中本悠介くん14歳の夏休み」（「2016年子どもが上演する劇脚本募集」準入選、同2016年8＋9月号）、「Somnimm が見せた。」（同2017年6月号）、「ハルヤくんの野望」（同2018年5＋6月号、『中学校創作脚本集2019』晩成書房）、「On My Own」（同2020年1＋2月号）

ハートに火をつけて

根岸大悟

相次ぐ騒音・異臭騒ぎ・爆発事故……何かとお騒がせの化学部。
生徒会の"堅物"副会長ケイコが、活動停止処分を提案。活動調査が始まったが、
化学部の画期的"新薬"が完成し、他の生徒会役員をまき込んだ大騒動に。

上演＝東京都立大泉高等学校附属中学校演劇部

登場人物

サオリ　生徒会書記
ケイコ　生徒会会長代理
アリス　生徒会副会長
ブチョー　化学部部長
ケイト　化学部部員
カイチョー　生徒会長

＃1　プロローグ

舞台中央に机。
書類が雑然と置かれている。床にも書類が散らばっている。
ケイコが入ってくる。部屋の状況を見るなり、大きくため息。
カバンを置いて、書類を片付け始める。

サオリが入ってくる。

サオリ　よろしくお願いします～！
ケイコ　（間髪入れず）遅い！
サオリ　え？
ケイコ　（腕時計を見て）十秒遅刻！
サオリ　そんなあ……
ケイコ　そもそも、なんなの！　この散らかりようは？
サオリ　あああ……ええっと……
ケイコ　も～！　とにかく、はやく片付けて！（サオリ、おたおたする。ケイコ、さらにイラついて）ほらほらほら！　動いて動いて！

サオリ、慌てて片付ける。

サオリ　（片付けながら）すいません……文化祭の書類、皆さんが一気に提出してきたから、なんかパニックになっちゃって……
ケイコ　なるほどねえ…あなた、すぐパニックになっちゃうもんねえ……。
サオリ　そうなんです～！　わかります？
ケイコ　で、パニックのあまり提出書類を折り紙にして、ネコちゃん作っちゃうわけ？（机上の書類でできたネコちゃんをつまむ）
サオリ　あ、それは……えっと、気持ちを落ち着かせようとして……で、でも！（あわててネコちゃんを取り返す）か、かわいいでしょ？　えへへ……

ケイコ、ありったけの冷たい目で睨む。

サオリ　ケイコ先輩。もうしませんから、その殺す勢

いの目はやめてください……あの、

ケイコ　（怪訝そうに）なに？

サオリ　（ビビりながら）えっと、カイチョーは……生徒会長は～どこに⁇

ケイコ　（ほんとにわずかに、声のトーンが穏やかになって）カイチョーはサッカーの試合が近いから、生徒会にはしばらく来れないらしいわ。まあ、都大会かかってるみたいだし、そっちはそっちで学校を代表してるわけだから、頑張ってもらわないとね。

サオリ　（ぼそっと）確実に会長には甘いよなあ……。

ケイコ　あ？　なんか言った？

サオリ　私が部活で行けませんって言ったら「生徒会優先！」って言ったじゃないですかあ……。

ケイコ　サ・オ・リ・さん。

サオリ　は、はい。

ケイコ　カイチョーはサッカー部。うちの高校の看板部活。しかも彼はキャプテン。ちなみにあなたの所属する部活は？

サオリ　演劇部です。

ケイコ　でしょ？　サッカー部と演劇部。考えてごらんなさい。この二つの部活を同列に語れるわけないでしょ？　だいたいサオリ、あなた演劇部って言ったたって一体どんな役ができるの？　あなたみたいな片付けられない女は、せいぜい「シンデレラただし、掃除が間に合わずカボチャの馬車には乗れない」とかそういうのしかできないでしょ？　よって、サオリの場合は生徒会優先。おわかりかしら？

サオリ　よくわかんないけど、今の私ならシンデレラの気持ちはすごく理解できると思います……じゃあ、カイチョー不在はわかりましたけど……アリス先輩は？

ケイコ、動きが止まる。

サオリ　ケイコ先輩？

ケイコ　私はアリスじゃないからアリスのことはわかんないわ。ただ言えるのは、あの人の平均遅刻時間は集合時間から数えて約七分三十二秒であるということ。よって（腕時計を見て）、もうそろそろ、現れてもおかしくないということね。

＃2　アリス登場

アリスが入ってくる。

アリス　（英語で）「みんな〜元気〜？」（日本語で）今日もアリス元気〜！　フゥ〜！　※アドリブ推奨
サオリ　アリス先輩……。
アリス　あっれ〜？　今日は頑張って早く来たつもりだったんだけどな〜結局今日も私が一番最後かあ〜みんな偉いわね〜えらいえらい（サオリの頭をなでようとする）。
サオリ　（ケイコの顔色をうかがいながら）アリス先輩、やめてください。
アリス　（甘えるように）ケイコ〜。（ちょっとバカにした笑いを含みつつ）今日も時間測ってたんでしょ？　何分何秒だった？　まあ遅刻は遅刻かもしれないけど、今日は頑張ったほうだと思うんだけどな〜。
サオリ　アリス先輩〜（泣きそう）。
ケイコ　生徒会副会長のアリスさん。私が遅刻の時間を測ってるのは、あなたに「今日は昨日よりも三十四秒縮まったわね〜偉いわね〜」とかいうためじゃありませんから。遅刻は遅刻！　たとえ一秒たりともね！

アリス　お〜、こわ。
ケイコ　でもねアリス、今日はあなたの遅刻のことはとやかく言わないわ。
サオリ　え？
アリス　あら、珍しい……なんか逆に怖いんだけど、大丈夫？　熱ある？
ケイコ　心配ご無用！　今日は超重要議題があるの。あなたの遅刻の話なんかしてる余裕はないの。
サオリ　超重要議題？
ケイコ　そうよ。さ、全員揃ったから、会議始めるわよ。座って。

サオリ・アリス着席。

アリス　で、その超重要議題って？
サオリ　そんなのありましたっけ……？
ケイコ　超重要かつ緊急を要する議題よ。それは「化学部の存続について」。
サオリ　化学部？
ケイコ　（突如、立ち上がって演説口調）わたくし、岸田ケイコは、生徒会会長代理の権限により、化学部の活動無期限禁止を提案します！

サオリ　無期限禁止って、事実上の廃部じゃないですか！

アリス　え～なんでよ。確かに化学部なんかちょっとキモイ雰囲気だけど、部活なんて好きにやらしとけばいいじゃない。なにか問題あるの？

ケイコ　なにか問題あるの？　ですって？　アリス、あなた化学部が今学期に入ってどれだけのことをやらかしてるか知らないの？　サオリ、ちょっとこの報告書読んで（紙を渡す）。

サオリ　ええっと、化学部は今学期に入ってから、実験中の爆発事故が三件、異臭騒ぎ十二件。放課後の理科室からは意味不明の奇声が聞こえる、不気味な儀式のようなものをやっている等の報告多数。

ケイコ　（サオリに）この報告を聞いてどう思う？

サオリ　三回も爆発してるのにケガ人がいなくて良かったですね！（満面の笑顔）

ケイコ　ええそうね。あなたにマトモな返答を期待した私が愚かだったわ……化学部は、これだけの不祥事を繰り返しておきながら改善の兆候は無し！　だいたい、一体何を実験してるのかも一切謎につつまれている。こんな危険な部活を放置しておくわけにはいかないわ！　即刻活動停止よ！

アリス　ま～ま～ま～、そんな目くじら立てなくても。科学の進歩には危険はつきものって言うでしょ？

ケイコ　アリス、あなたずいぶん化学部の肩を持つのね？

アリス　べ、べつにそんなことないけど……。

ケイコ　（アリスの顔色を確かめるように）……それに、問題はこれだけではないわ。この化学部の活動、過激になってきたのはここ最近になってからのようだけど、化学部に裏で資金を提供している人間がいる、との噂もあるわ。

サオリ　裏で資金？　あの化学部に？　一体なんでですか？

ケイコ　さあ？　あの怪しさ満点の化学部に、膨大な資金提供をするんだもの……相当なお金持ちで、相当に反社会的な思想の持主でしょうよ……何かご存じないかしら？　お父様はアメリカ大手ＩＴ企業社長の、アリスお嬢様？

アリス　はあ？　何言ってんのよ？　あたしはそんなことしないから！

ケイコ　別にあなたが資金提供者だなんて言ってないけど？……目が泳いでいるわよ？

アリス　そ、そんなことないって。

ケイコ　ま、いいわ。とにかく！　化学部には即刻活動停止！と言ってやってもいいところだけど、(アリスを見て) 異議のある方もいらっしゃるようなので、だったら、まずは化学部部員から直接話を聞いてみるってのはどう？

アリス　ええ～！　それはちょっと……。

ケイコ　なに？　なにか問題あるの？

アリス　い、いや……。

ケイコ　でしょ～？　私ってとっても民主的！　そしたら、早速化学部に行って、部員を呼んでくるわ。(サオリに) その間に報告書の準備しといてね。(アリスに) どんな話が聞けるか、楽しみね。オホホホホ！

ケイコ、去る。

＃3　アリスの事情

サオリ　(ケイコが去ったのを確認して) ふう……ケイコ先輩の機嫌がなおって良かった良かった。

アリス　全然良くないわよ！　まずい、まずいわ……。

サオリ　さっきの話ですか？　大丈夫ですよ～、あんな怪しい化学部なんかに資金提供する人なんているわけないじゃないですか～。

アリス　……(すがるようにサオリを見る)。

サオリ　アリス先輩なんですね？

アリス、黙ってうなずく。

サオリ　一体どういうことなんですか？　なんで化学部に資金提供してるんですか？

アリス　え、いや～、実はね、ちょっと化学部に作ってもらいたい薬があってね……。

サオリ　クスリ?!　それはまずいですよ！　ダメ、ゼッタイ！

アリス　そういうんじゃないわよ！　これはね……私の切実な想いなの。

サオリ　はあ。

アリス　ちょっと耳貸して (サオリに耳打ち)。

サオリ　惚れ薬?!
アリス　声がでかい！
サオリ　え？　一体誰を惚れさせたいんですか？

アリス、再びサオリに耳打ち。

サオリ　カイチョー?!
アリス　アンタさっきから耳打ちの意味無いでしょ！
サオリ　そうだったんですか……。

アリスにピンスポ。

アリス　私の家は、お金持ち。幼い頃から何でも買ってもらえた。何不自由なく育ったわ。でも……そんな私がいくら欲しがっても手に入らないものができてしまったの。

突然、音楽。サッカーユニフォームのカイチョー登場。頻繁に髪をかきあげている。常に決めポーズ。

カイチョー　（優雅に）おはよう。
アリス　私が欲しいもの。生徒会長、彼の心。
サオリ　はあ……。
アリス　成績優秀、スポーツ万能、さわやかな笑顔……（カイチョーはセリフに合わせて動く）。
カイチョー　ボールは、ともだち！（歯を見せる満面の笑顔）
アリス　彼に私を見てもらいたい。認めてもらいたい。ずっとそう考えるようになってしまったの。
カイチョー　（アリスの肩を持って、自分に身体を向けさせて）今日もかわいいよ。僕のアリス。
アリス　カイチョーったら、いつもおせじばっかり！
カイチョー　違うよアリス。君を見てると、息を吐くように自然と出てきてしまうんだ……かわいい、ってさ。
アリス　カイチョーが、そんなふうに言ってくれるなんて……私、うれしい！

二人見つめ合い、お互いに笑顔、カイチョーは退場。音楽ＦＯ

アリス　（正面を向いて）絶対に、絶対に、彼にそう言わせるの！　うん！

サオリ　あ、あの、フツーに告白しようとかは考えなかったんですか？
アリス　もちろんそうしたい！　告白の手紙は今でも毎日書いてる！　でも、渡す勇気がない……出せない手紙は溜まってく一方……。
サオリ　案外古風なんですね……。
アリス　もしフラれちゃったら……私もう耐えられない！……そこで、安全確実な惚れ薬を使おうと思ったの。
サオリ　そこですよ！　なんでずっと古風だったのにいきなり恐ろしい考えになるんですか！
アリス　恐ろしくないわ、乙女の純情よ！
サオリ　と、とにかく、この状況はどうするんですか！化学部の人たちには内緒って言ってあるんですか？
アリス　言ってない……だってケイコが感づくとは思ってなかったんだもの……。
サオリ　なんというかこう……化学部の人たちが、空気を読んで秘密にしといてくれないですかね……。
アリス　無理ね。あいつらそもそも化学の研究にしか興味ないもの。
サオリ　じゃあ、私たちでなんとかごまかすしかないですね……。
アリス　サオリ、あなた協力してくれるの？
サオリ　え、まあ、話を聞いてしまった以上は……。
アリス　ありがとう（サオリの手を握る）！　お礼は何がいい？　サオリのためにフロリダのディズニーワールド一日貸し切りしようか？
サオリ　いいですいいです。あ、戻って来ましたよ！

＃４　化学部登場

意気揚々とケイコが戻ってくる。

ケイコ　さあ！　連れてきたわよ！　噂の化学部の二人！　それでは張り切ってどうぞ〜！

音楽、照明変わる。ブチョー、ケイトが登場。各々、しゃべる度に何らかのポーズを決める。

ケイト　異臭、爆発なんのその！　化学の道を極めたい！　めざせガリレオ！　めざせニュートン！

ちょっとヤンチャな化学部部員、ケイトです！　そしてこちらの方こそ！　天才的化学オタク高校生！　我らがブチョーでーす！

ブチョー　化学に不可能の文字はない！

三人、決めポーズ。音楽止まる、間。

サオリ　やっぱりちょっとおかしい……。

アリス　これ、私が部室に行くたびにやるのよ……。

ケイコ　アリス～何か言ったかしら？

アリス　う、ううん！　す、すごい、かっこいい～（拍手）。

ブチョー、拍手を手で制止。

ブチョー　（妙に低い声で、笑顔だが目は笑ってない）我々は、研究で忙しいのだ。用件を手短に頼む。

ケイコ　ええ、今日あなたたち化学部に来てもらったのは、ちょっと最近のことについて聞きたいことがあるからなんだけど……どうもこのごろ、活発に活動しているみたいね？

ケイト　おお！　生徒会からのお褒めの言葉！　ついに、ついに僕たちの活動も報われたんですね！（ブチョーに抱きつく）。

ケイコ　（ウザそうに、抱きケイトをひきはがして）一体、今は何に取り組んでいるのかしら？

ブチョー　我々は、最高にエクストリームな薬をつくっている……。

ケイコ　へぇえ、興味深いわね。どんな薬？

ブチョー　それはだな……。

サオリ　はいはいはい！（ブチョーを突き飛ばす。ブチョー倒れる）あの、あれですよね！　教室のどんなところに書いた落書きもたちどころに消してしまう！「スーパーらくがき消し！」いや～、私すぐ机にらくがきしちゃうから、そんな薬があったら素敵だな～。

ケイコ　サオリ。

サオリ　はい。

ケイコ　お黙り。

ケイト　いやだなあ～そんなのは市販の洗剤で十分ですよ。私たちがいま開発中なのは、もっと夢のある薬です！

ブチョー　（ようやく起き上がりながら）まったく！　笑止千万、だな！　それで、今作っている薬はだな……。

アリス　はいはいはい！（ブチョーを突き飛ばす。以下同じ）じゃあ、きっとこういうのじゃない?!　学校の花壇の草花を劇的に成長させる「スーパー成長促進剤！」花壇のヒマワリが五メートルくらいになっちゃうの！ときめくわあ〜。

ケイコ　アリス。

アリス　なあに。

ケイコ　全然ときめかない。むしろ恐怖。

ケイト　う〜ん、でもそれも確かに夢のある薬ですねえ〜。

ワタナベ　ぜひ次の研究課題にしましょうかね先輩？

ブチョー　化学は常識をくつがえす、化学はバクハツだ！

ケイコ　それで、結局どんな薬なの？

サオリ・アリス　はいはいはい！

ブチョー　Shut up!（サオリ・アリスを突き飛ばす）

ケイト　ワタシも、依頼を受けた時にはワクワクしましたよ〜もう少しで完成しそうなんですけどね。その薬とは……飲ませた相手をメロメロにしちゃう、惚れ薬です！

サオリ、アリス、がっくり。

ブチョー　（恍惚の表情）化学はなんてロマンチックなんだ！

ケイコ　なるほど……ちなみにその惚れ薬を依頼したのは誰？

ケイト　あれ？　知らなかったんですか？　そこにいるアリス副会長ですよ。費用もバッチリ援助してくれて、いや〜太っ腹ですね〜。

ケイコ　へえ、知らなかったわ。これで聞きたいことは聞けたわね。ありがとう。一旦戻っていいわ。（不敵な笑みで）また後で呼び出すことになると思うけど。

ケイト　よかった！　では！　開発を続けましょう！

ブチョー　Here we go!

ブチョー、ケイト去る。

＃5　バレたあと

沈黙。

アリス　え〜っと〜……。
ケイコ　おうおうおうおう。こっからどうやって言い訳するんだい？
サオリ　ケイコ先輩……。
ケイコ　サオリ、あんたアリスに何を吹きこまれたのか知らないけど、冷静に考えてみなさい。惚れ薬の開発なんて、高校生に許されることじゃないでしょ！
サオリ　まあ……。
ケイコ　（アリスに）一体誰を惚れさせようとしたの？
アリス　ええ！　そ、そんな恥ずかしいこと……。
ケイコ　やっぱり、カイチョーなのね。
サオリ　ケイコ先輩知ってたんですか！　あ……。

アリス、サオリをにらむ。

ケイコ　（鼻で笑う）別にサオリが口を滑らせなくたってわかるわよ。どうせ生徒会に入ったのもカイチョー目当てなんでしょ。
アリス　……そうよ！　この想いは誰にも止められないの！
ケイコ　い〜や！　私が止めてみせるわ！　私は生徒会会長代理として、円滑な、そしてなによりも、穢れのない、高潔な生徒会活動を目指しているの！　あんたのその淫らで浮ついた感情で生徒会をめちゃくちゃにされるわけにはいかないわ！
アリス　……あんたはどうなのよ？
ケイコ　どういうこと？
アリス　あんただってカイチョーのこと、好きなんじゃないの？
ケイコ　（笑う）アリス、追い詰められてるからって言いがかりはやめてよ。私は部活動が大変なカイチョーをサポートはしてるけど、あくまでビジネスライクな関係ってやつよ。
サオリ　あ、あの……。
ケイコ　もう言い訳は充分！　化学部は即刻活動停止よ！　今からあいつらに宣告しに行くわ！

ケイコ、去る。

アリス　ちょっと、そんなことさせないわ！

アリス、ケイコを追うように去る。

サオリ　ケイコ先輩、アリス先輩……。

サオリ、手紙を取り出し、じっと見つめる。

サオリ　まずいなあ……今更言い出せないよ……ああ、どうしよう～。

サオリ、頭を抱える。
二人を追うように去る。

＃6　薬の完成

一瞬、舞台上に誰もいなくなる。
やがて、ブチョーとケイトが登場。
相変わらずリズムに乗って登場。
手には灰色の薬が入った瓶を持っている。

ケイト　水兵リーベ　ぼくのふね、仲間がある、シップスクラーク、軽いスコッチバクローマン、鉄のコルトに銅鉛《どうえん》かけて、明日は千秋楽！（ポーズ決める）……チェンシーさ～ん！　生徒会副会長！　いよいよ完成しましたよ～！ってあれ？　誰もいないぞ？　困ったな～。

ブチョー　説明しよう！　この薬は……。

ケイト　ああ～ストップストップ！　ブチョー！　いま誰もいないので、説明しても意味ないんですよ……。

ブチョー　我々は忙しいのだ！　なら薬を置いてさっさと行くぞ！

ケイト　いやいやダメですよ……この薬は使い方を間違えたらえらいことになるんですから……。

ケイコ、登場。

ケイコ　やっと見つけた……。

ケイト　おお！　岸田ケイコ会長代理！　ちょうどいいところに！

ケイコ　そうね、ところで化学部は……。

ケイト　（被せて）たった今、薬が完成したので届けに来たんですけど……アリス副会長は？

ケイコ　知らないわよ。ここにいたはずだけど。ところで化学部は……。

ケイト　(被せて) そうですか～、困ったな～、そしたら岸田ケイコ会長代理に、この薬の使い方をお教えしますので、アリス副会長にお伝え願えますか？

ケイコ　あのね、あんたたちそれどころじゃなくて……。

ケイト　それではブチョー！　お願いします～！

音楽。できれば照明も変わる。

ブチョー　説明しよう！　この薬は、ヨーロッパに伝わるマンドラゴラ、中国に伝わる鹿の角、日本に伝わるイモリの黒焼きなどの成分を配合した、究極の惚れ薬なのである～る！

ケイト　惚れさせたい人の前に行って、ひとたびこの薬のニオイをかがせれば、たちまちその人はあなたのとりこに！　まるで、卵から孵ったばかりのヒヨコが、最初に見たものを母親と思うがごとく、その人にはあなたしか見えない！　という状態に！

ブチョー　イッツ、ロマンティ～ック！

音楽止まる。

ケイコ　なんだか、入ってる成分が全然科学的じゃないんだけど。

ケイト　まあまあ、科学も元々は錬金術、魔術みたいなものから生まれていますから！

ケイコ　どういう理屈よ！……それにしても、この薬、本当に効果があるんでしょうね！

ケイト　まあ、実証はしてません。まさか僕たちでするわけにはいかないですからねえ。でもきっと大丈夫なはずです！

ブチョー　科学はチャレンジだ！

ケイコ　……わかったわ、アリスには私から伝えておくから、部室に戻っていいわよ。

ケイト　わかりました！　よろしくお伝えください！

化学部二人、去る。

＃7　ケイコの気持ち

ケイコ、薬の瓶をまじまじと見る。

ケイコ　惚れ薬、惚れ薬ね……。

カイチョー、登場。
ケイコは、基本、カイチョーに背を向けている。

カイチョー　ごめんごめん！　いや～部活なかなか抜けられなくってさ～。
ケイコ　カイチョー！……大丈夫なの？
カイチョー　まあ、あんま大丈夫じゃない。
ケイコ　じゃあ、いいわよ無理しなくて。
カイチョー　そんなこと言ってもさ……最近全部任せっきりじゃん。ケイコにさ。
ケイコ　あら、そんな心配してくれてたの？
カイチョー　まあ、一応。……アリスもサオリも、あんま働かないだろうし。
ケイコ　でも、全然来ない誰かさんよりは、マシだけどね。
カイチョー　手厳しいな……。
ケイコ　え……。
カイチョー　ああ、そんな、責めるつもりじゃないよ。いつも……ありがとな。
ケイコ　……うん。

間。

カイチョー　……ところでさ、改めて、話があるんだけど。
ケイコ　な、何？
カイチョー　俺さ……一生懸命仕事してるケイコのことさ……いつも素敵だなと思っててさ……。
ケイコ　そ、そ、それはどうも。
カイチョー　だから俺……ケイコのことが、好きなんだ！

カイチョー、去る。
ケイコは相変わらずカイチョー側に背中を向けている。
ガッツポーズする等している。
サオリ登場、カイチョーが居た位置に立つ。怪訝そうにケイコを見る。

ケイコ　(サオリに背を向けたまま、今までにないカワイイ感じで) 実は……実はね、私も、カイチョーのことが、ず～っと前から (ここで振り返る) 大好きだったの！

間。

サオリ　ケイコ先輩……？

ケイコ、再び背を向ける、信じられない、といった表情。

間。

ケイコ　いつから、いたの……？

サオリ　さっきから……。

ケイコ　何か、聞こえた？

サオリ　いいえ、何も。

ケイコ　本当は？

サオリ　……バッチリ、聞いてしまいました……。

ケイコ、その場に膝から崩れ落ちる。それをサオリが支える。

サオリ　ケイコ先輩！　大丈夫です！　私誰にも言いませんから！

ケイコ　見られた……もうおしまいだわ。副会長としての威厳が、私が築き上げてきたものが……。

サオリ　大丈夫です！　先輩！　しっかりして！

＃8　ケイコの覚醒

チェンシー登場。

アリス　大変大変、薬がケイコに奪われたらおしまい……って、どしたの？

サオリ　あ、いや、なんでもないです！

ケイコ　うへへへへ、うへへへへ。

アリス　なんかこれまで見たことないケイコがいるんだけど……(机の上の薬を見つけて) あ！　これ！

ケイコ、猛然と机の上の薬を取り、腹にしっかり抱えてアリスを睨む。

アリス　ちょっと！　それ例の惚れ薬なんでしょ！　よこしなさいよ！

ケイコ、不敵な笑みを浮かべて、首を横に振る。

アリス　没収するつもりなんでしょうけど、もうできてしまったものはしょうがないでしょ！　開発資金を出した以上、私のものよ！　あとは化学部を活動停止にするなり廃部にするなり、好きにしたらいいわ！

サオリ　なんて無慈悲な……。

アリス　恋のためなら、すべてを踏み台にしてやるわ！
（決めポーズ）

サオリ　二人とも……やめてくださいよ〜。

ケイコ、不気味に笑う。

アリス　（サオリに）ねえ、ほんとにやばくない？

サオリ　ですね……。

ケイコ　（急に冷静な口調で）二人とも、心配は無用よ。私はいたってまともよ。むしろ、覚醒したわ。

アリス　え？

ケイコ　アリス、あなたとは永遠にわかりあうことはないと思ってたけど、今初めてあなたを理解できたかもしれない。私も、自分の心に蓋をするのはやめるわ。私も、自分の心に正直に生きるわ。

アリス　やっぱりケイコ……。

ケイコ　いま、惚れ薬が私の手の中にあるのも、運命のいたずらね。

アリス　ケイコ、何考えてんの、ダメよ。

ケイコ　アリス、今の私は、もう失うものなんてないのよ！

ケイコ、惚れ薬を持って部屋を出ようとする。アリスはしがみついてそれを止めようとする。もみあってるうちにアリスが入り口に立ちはだかる。それと向き合うケイコ。

アリス　あ！　なんだあれ！

ケイコ　え？

ケイコが一瞬よそ見をした隙を狙って薬を奪う。

ケイコ　おのれ卑怯者！（追いかける）
アリス　どっちがよ！（逃げる）

アリスは部屋中を逃げまわる。ケイコはそれを追う。やがて舞台中央でアリスが持っている薬をケイコがつかむ。両側から引っ張り合いになる。

サオリ　（泣きそうな顔で）ケイコ先輩、アリス先輩、もうやめてください～！

＃9　間違いでした

化学部員ケイト、登場。

ケイト　すいませ～ん！

ケイコ、アリス、二人薬を握ったまま止まる。

ケイト　いや～我々としたことがとんでもないミスをしてしまいました！……って、なんだか、お取り込み中ですか？

間。

サオリ　まあ、いいから。それで、とんでもないミスって？
ケイト　先ほどお届けした薬なんですが、あれは惚れ薬ではなかったんです。
ケイコ・アリス　は？
ブチョー　（声のみ）説明しよう！

ブチョー登場。

ブチョー　好きと嫌いは、表と裏。人を好きになる物質を抽出すれば、人を嫌いになる物質が残る……この薬のニオイをかいだら最後、誰もがそいつのことを嫌いになる……。

二人、嫌われ薬を机に置いて離れる。

ケイト　まだ使ってませんよね？　よかったよかった！（新しい薬の瓶を取り出し）こちらが正真正銘の惚れ薬です！

ケイコ、アリス、じりじりとケイトに近づく。

ケイト　あれ？　みなさんどうしました？　とっても顔が怖いですよ？

サオリ　危ない！　逃げて！

ケイコ、アリス、一斉にケイトに襲いかかる。ケイトはスルリと逃げる。二人はケイトを追いかける。

ケイト　なななななんですか一体?!

ケイコ、アリス、ケイトを追いかける。舞台上は混乱状態。ブチョーも乱入して変な動きをしている。

サオリ　もう、みんなやめて！　冷静になってよ！

追いかけている中で、椅子にぶつかりサオリのカバンが落ちる。その拍子でカバンの中の手紙が落ちる。

＃10　サオリの秘密

アリス　（手紙に気づいて）ん？　これ何？

サオリ　あ！　だめです！（手紙を奪おうとする）

アリス、それを避けて封を開けて、手紙を読む。カイチョー登場。入れ替わりにケイコとアリスが一旦退場。

カイチョー　サオリ、突然手紙なんて渡してごめん。びっくりさせちゃったかな？　こういうことは、なかなか直接伝えられなくて……これまで一緒に生徒会の仕事をしてきて、ずっと感じてたんだけど、僕は、サオリのことが好きだ。できれば、これから二人でたくさん話をしたいし、どこかに行ったりしたいと思っている。もちろん、もしサオリが良ければ、だけど……サオリは、どんな話がしたい？　どこに行きたい？　いろんなことを、僕は知りたい。ただ、周りの目があるから、慎重にならないといけないな、とは思ってる。でも、もしサオリと付き合えたらと思うと、すごく楽しみだ。……返事、待ってるから。

カイチョー退場。入れ替わりにケイコとアリスが登場。

アリス　サオリ……これどういうこと？

サオリ　あの……あの……。

アリス　とっくの昔にこんなに話が進んでるのに、それであたしたちの話聞いて黙ってたの?!

サオリ　違うんです！　言おう言おうと思ってたんですけど……なかなか言い出せなくて……。

ケイコ、笑い出す。

ケイコ　サオリ、あんたやるわね。先輩二人が必死になって追いかけてる男から、こんな熱烈なラブレターもらってるなんて。あんたは、最初から私たちが欲しいものを全部手に入れてたんじゃない。何にもわかんないような顔して、さぞ面白かったでしょうね。私たちのこと。

サオリ　そんな、そういうつもりじゃ……。

アリス　最低。

サオリ　え？

アリス　あんた最低。見損なったわ。

アリス・ケイコ、サオリにじりじり迫る。

アリス　サオリ、私たちはあんたの前で、とんだ茶番を演じてたってわけね。もういいわよ。好きにしなさいよ。でももう顔も見たくないわ。出てって。

サオリ　アリス先輩……ケイコ先輩……私、私、どうしたらいいのか……。

ケイコ　ああもう！　あんたがどう思おうと、もう会長はあんたのことが好きなんでしょ！　あたしたちはどうでもいいの！　あたしたちはどうすることもできないの！　先輩二人の無様な姿を見て満足したでしょ！

サオリ　もういい加減にして！

間。

サオリ　ケイコ先輩、アリス先輩、正直に言います。カイチョーから告白されて、私は、嬉しかった。舞い上がってた。同時に、どうしたらいいかわからなかった。だから、ケイコ先輩やアリス先輩の気持ちを聞いてなおさら、わかんなくなった……でも、もういいんです。こんなに私やみんなの気持ちをかき乱すくらいなら、人から好かれることが、こんなに苦しいんだったら……いっそのこと……。

サオリ、嫌われ薬のフタを開けて、飲み干す。
サオリ、その場にゆっくり倒れる。

#11 サオリ危機一髪

ブチョー え、いま飲んだ？ 飲んだの？
ケイト 大変だ！ これ飲み薬じゃないのに！ スプレーで顔にシュッとやれば充分なのに！ 飲み干したら、死んじゃいますよ！ なんで飲んじゃうかなあ～！
ケイコ なんですって?!
アリス サオリ！

ケイコ、アリス、サオリを抱きかかえる。
サオリは意識がない。

ケイコ あんたたち！ なにか、なにか助かる方法ないの?!
ケイト あ～っと～えっと～
ブチョー 惚れ薬を飲ませろ！ そうすれば薬の効果を帳消しできる！
アリス ケイコ……。
ケイコ 迷ってる場合じゃないでしょ！

ケイコ、ケイトから惚れ薬を奪い、サオリに飲ませる。
一同、固唾を飲む。
やがて、サオリが目を覚ます。

サオリ ケイコ先輩、私……。
ケイト 気がついた！
アリス サオリ！ よかった～。

ケイコ、サオリを抱きしめる。

ケイコ　サオリ……ごめん！　私、あなたを追い詰めてた！

サオリ　先輩……。

アリス　あたしも、ごめん。あなたが悪いわけじゃないのに、責めるようなこと言っちゃって……。

サオリ　いいんです、大丈夫です。すいません、心配かけて……。

ケイコ、アリス、サオリ、手をとりあう。仲直り。

#12　エピローグ

ケイト　いや〜、良かった良かった！……でも先輩、結局惚れ薬の効果を確かめることはできませんでしたね……。

ブチョー　しかし、別の効果は確認できたぞ。

ケイト　え？（三人を見て）……ああ、なんだかギクシャクしていた三人が、手をとりあってる……。

ブチョー　人の心を動かすものは、結局人の心なのだ！

ケイト　なんか、先輩らしくないですね。

ブチョー　行くぞ！　我々が知らないことはまだまだあるのだ！

ケイト　はい！

化学部、去る。

アリス　私、カイチョーのこと、あきらめるわ。っていうか、今回の騒ぎで、もうどうでもよくなっちゃった。

ケイコ　私も、ようやく冷静になれたわ。カイチョーはサオリを選んでるんだもの。私も身を引くわ。

サオリ　私、カイチョーにはごめんなさいって言います。

アリス　え？　私たちのことは気を遣わないで！

サオリ　（首を横に振る）違うんです。今は、恋愛とかそういうことよりも、先輩たちと一緒に、バリバリ生徒会活動したいんです！

アリス　サオリ……。

ケイコ　ふっふっふ、言ったわね。言ってしまったわねサオリ。煩悩が晴れたこの私は、どんどん仕事振ってくわよ！

サオリ　はい！
ケイコ　あんたも仕事してもらうわよ！
アリス　え〜……わかったわよ。……それにしても、これだけ騒ぎになってても、カイチョー一度も姿を見せないじゃない！
ケイコ　確かに！　さすがに来なさすぎよね！　よ〜し！　これから三人で、カイチョーを連れてくるわよ！　大会前だろうが何だろうが関係ないわ！
サオリ　いいですね、それ！
アリス　ひきずってでも連れて来よう！

三人、舞台前面で、お互い顔を見る。笑顔。

サオリ　じゃあ、行きましょう！
ケイコ・アリス　うん！

お互いうなずき合って、退場。
カイチョー登場。制服。

カイチョー　あれ〜？　みんな、どこ行っちゃったんだろ……？

生徒会室に一人たたずむカイチョー。

暗転。

——幕——

上演のてびき

根岸大悟

はじめに

この脚本は、部員数も少なく、大道具や照明・音響のノウハウもないが、やたら個々のキャラクターだけは際立っている、という当時の演劇部の状況にあわせて書いたものです。舞台は「生徒会室」のみで展開し、場面転換（暗転）もありませんので、蛍光灯のオン・オフしかできない普通教室でもやれると思います。もちろん、大道具を使いたい場合は、リアルな生徒会室を再現することも可能です。全体的にドタバタコメディですので、音響（音楽）・照明も、ノウハウさえあるのならいくらでも工夫の余地があるかと思います。

役について

どの役も「よくあるキャラ」だと思います。ここでは具体例は出しませんが、アニメやマンガ、小説などから「お手本のキャラ」をイメージするといいかもしれません。また、どの役も登場時と終盤でキャラが若干（役によっては、かなり）変化します。この変化を表現することを目指してほしいところです。

◆サオリ（生徒会書記）：いわゆる「天然キャラ」「ドジっ子」です。登場人物の中ではいちばん「周囲に気をつかう」タイプだと思います（むしろ、他のキャラには無い要素です）。ゆえに常に翻弄されるのですが、それが観客の視点を再現しています。しかし、終盤には意外な事実を抱えていたことが判明します。カイチョーからの告白は「サオリもびっくり」なのか「実はサオリが仕向けていた」のかは、解釈次第です。そもそも「カイチョーからの手紙は本物なのか？」ということも解釈可能です。それによって、かわいらしいキャラにも、最も恐ろしいキャラにもなりえます。

◆ケイコ（生徒会会長代理）：「真面目」「堅物」ではありますが、そうとうデフォルメされているので、むしろオーバー気味な演技が得意な人向けだと思っています。真面目一辺倒でやってしまうと本当にただのコワい人になってしまうので要注意です。カイチョーの妄想との会話では、急に可愛らしく演じてギャップを出してください（だからこそ、サオリに見られたショックがすさまじいものになります）。カイチョーへの想いがバレたシーンでは、ぜひともこれ以上ない狂気を見せてください。後半につれて、心の弱い部分や、根はやさしい部分なども垣間見えます。幅広い演技が求められます。

◆アリス（生徒会副会長）：登場時は典型的な「わがままお嬢様キャラ」です。この手のキャラはただわがままにふるまうのではなく、本人なりの「信念」がにじみ出るとカッコいいと思います。この芝居は各校の制服そのままで演じることになると思いますが、アリスに関しては、あえて「校則違反」してみるといいと思います（ツインテールとか、指定外カラーのセーターとか）。ケイコが「覚醒」した後はむしろツッコミ役にまわります。

◆ブチョー（化学部部長）：マッドサイエンティストです。マッドさの表現はいろいろ工夫してほしいところですが、セリフが多くないので、セリフ以外の表現に大きな余地があります。怪しい動きに自信がある人におすすめです。

◆ケイト（化学部部員）：助手キャラです。なかなか会話にならないブチョーの通訳でもあります。役者自身のキャラを活かしやすい（どんな人でも結構ハマる）と思います。また、役者の人数を調整するときには、セリフを分割して部員を二人にすることもできます（むしろ、当初は二人の役でした）。ちなみに、部員の名前はその時の役者の本名（特に日本人のときは苗字）にしていました。

◆カイチョー（生徒会会長）：実は「カイチョー本人」が登場するのは、ラストシーンのみです。それ以前のカイチョーはすべて「誰かが想像しているカイチョーのイメージ」です。アリスは「王子様的にエスコートしてくれるカイチョー」を想像し、ケイコは「不器用だけどまっすぐなカイチョー」を想像して、その幻影を見ているのです。サオリの手紙は「リアル・カイチョーが書いたもの」と考えれば「素のカイチョー」ということになりますが、手紙をくれたこと自体が妄想であれば、それもまた「サオリがイメージするカイチョー」になります。ここらへんは解釈次第ですので、相談して決めてください。それによって演じ方も変わりますが、いずれにしろ実質的に「二〜四役」を演じ分けることになります。

※過去には「カイチョー」役がないバージョンの脚本もありました。その場合は、アリスの独白は「一人芝居」にして、ケイコの妄想は「カイチョーに模した人形をつくり、ダンスを踊る」ということにし、サオリの手紙はケイコかアリスが読む、ということにしました。人数の都合もあるかと思いますが、あえて「カイチョー」無しバージョンも、観ている人がそれぞれ「理想のカイチョー像」を想像できる楽しさがあります。

その他

前述のとおり、この脚本は何度か上演をしており、その都度脚本を改変しています。もし上演する場合は、部活動などの実情に合わせて改変していただいてかまいません。みなさんの創意工夫で、よりよい芝居にしていただければと思います。

【初演】二〇一四年、東京・都立大泉高等学校附属中学校。

【作者】根岸大悟（ねぎし・だいご）——東京・公立中・高等学校教員

そんな4人

佐藤幸子

中学二年生。毎日通う教室、毎日通る通学路、
家、友だち、私たちの今の世界。日々揺らぐ心。
「親友だよね？ なんて口約束、うそくさいよ。」

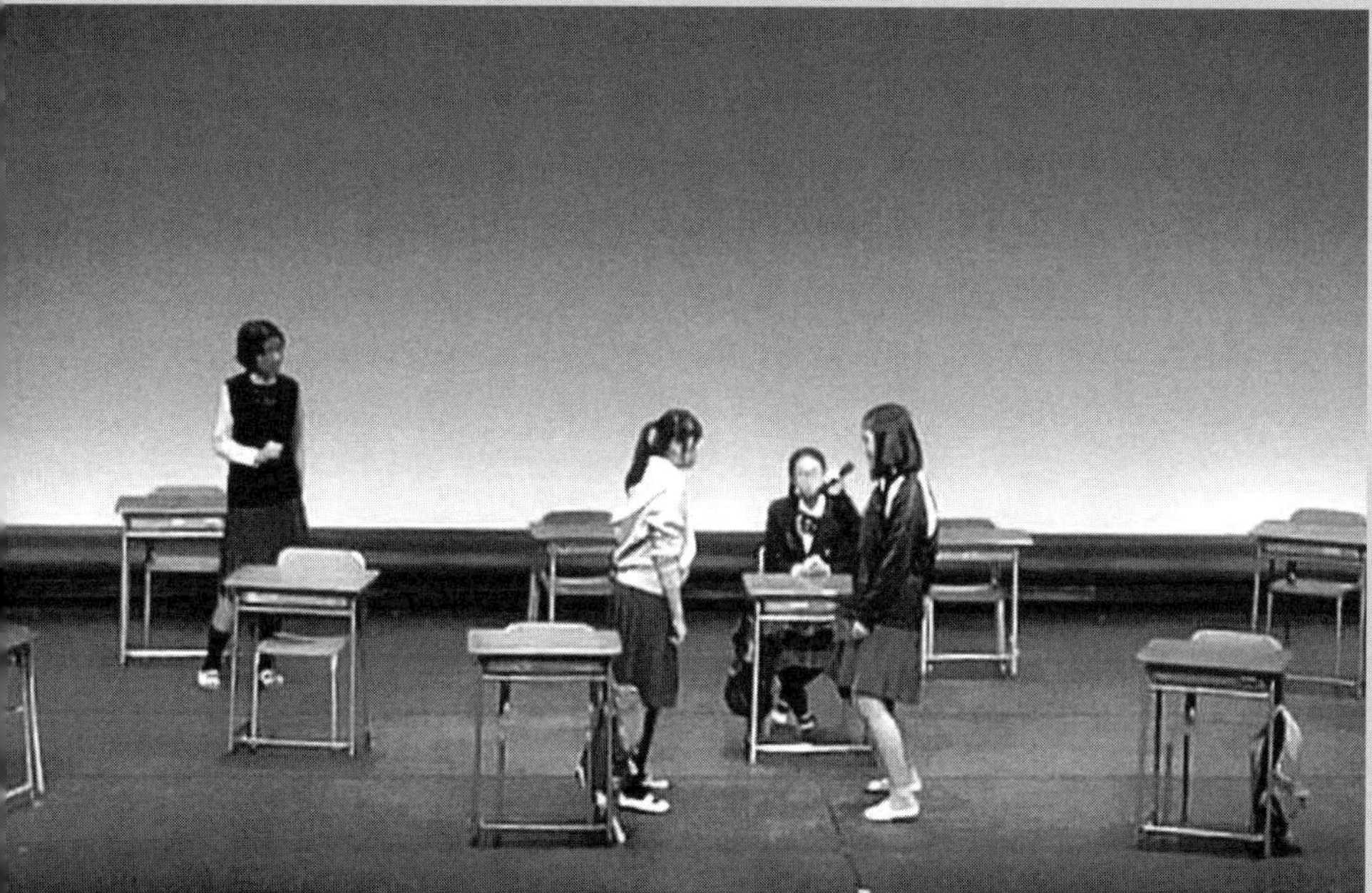

上演＝東京・世田谷区立弦巻中学校演劇部

登場人物

ゆきな
のぞみ
ちえ
ほのか
（四人共中学二年生。同じクラス。）
ひな　一年生の時、ほのかと特に仲がよかった。今は違うクラス。
ゆきなの母
のぞみの母
のぞみの祖母
ちえの母
生徒1
生徒2

※実際の公演では、左記の振り分けで一人二役、または三役を演じました。
（なお、オープニングシーンは役名を書いてあるが、ことばを発しているのはその限りではない）

❶ゆきな・ひな・のぞみ祖母
❷のぞみ・ちえ母・生徒1
❸ちえ・のぞみ母・生徒2
❹ほのか・ゆきな母

※台詞の［字体が変わっているところ］はラップです。

●オープニング

幕が上がり始めるのと同時に、ＳＥが流れる。
学校のような空間。
そこにはまだ誰もおらず、教室の日常の生徒たちのしゃべり声や音だけが聞こえる。
ゆきな、ほのか、のぞみ、ちえが上手下手からことばを発する順に入ってくる。

ゆきな　変わり映えしない通学路。
ほのか　緑の匂い。
のぞみ　何の変哲もない、団地のそばにある植え込みから。
ちえ　あー、今日席替えだ。
ゆきな　窓際の席。
ほのか　教室の窓から見える、清々しい空の青。
のぞみ　あ、私の好きな人。
ちえ　そんなに窓際ばかり見てるんだったら、前に出て説明してください。
ゆきな　あの子、あの子のこと好きなんだって。
ほのか　どうでも良。
のぞみ　告白。
ちえ　部活。
ゆきな　帰り道。
ほのか　秋のど真ん中。
のぞみ　プール脇の金木犀の香り。
ちえ　あの子今日泣いてたよね。
ゆきな　意味のない涙なんてないんだよ。
ほのか　うるさいな、ほっといてよ。
のぞみ　表のことばと裏のことば。
ちえ　見んなし。
ゆきな　可愛い子が上、クラスの中心だよね。
ほのか　一軍の女子でも無理して付き合っている子いると思う。
のぞみ　隠れてiPhone持ってきてるやつ。
ちえ　隠れてポイフル食ってるやつ。
ゆきな　なんかおもしろいことないかなー。
ほのか　置き勉してるやつの机の中。
のぞみ　後ろの黒板。
ほのか　ねえ、この手紙回して。

ちえ　朝礼の校長先生の長い話。
ゆきな　転校生来たらしいよ。
ほのか　髪切った？
のぞみ　かわいい。
ちえ　あいつ調子のってる。
ゆきな　なんか、
ほのか　なんか、
のぞみ　なんか、
ちえ　なんか、
ゆきな　なんか、
ほのか　なんだか、
のぞみ　あ、今日揚げパンだって。かっこチョコレート味。

SE　非常ベルが鳴り響く
照明変化

●教室

ちえ　え、なになになになに。
ほのか　誰かのイタズラでしょ。
のぞみ　え、でもほんとに火事とかだったら。
ほのか　その時は放送が流れるし、先生が教室に来るよ。どうせ町田とかが押したんでしょ。
のぞみ　なんで？
ほのか　こないだもそうだったじゃん。
のぞみ　あんなに怒られてたのにまたやるかなあ。
ほのか　バカはやるんだよ。
ちえ　えー、でも結構優しいよ、あいつ。ちょっとかっこいいし。ね？　のぞみ。
のぞみ　ごめん、私町田の顔ぼやっとしかわかんないや。
ちえ　え、うそ！　じゃあ中山は？
のぞみ　中山？
ちえ　七組の、すんごいイケメン。
のぞみ　あー……中山、うん、なんか、すごい、ぼやっと。
ちえ　うそでしょ!?　のぞみってそういうのほんと興味ないよねえ。
のぞみ　そんなにかっこいいの？
ちえ　顔は正直ドチャクソタイプ。

のぞみ　へえ。
ちえ　でも、今は松浦さんしか見えないからさー。
のぞみ　あー、ナチュラルローソンの。
ちえ　違う、普通のローソン！　青い！
のぞみ　ああ、そうだそうだ。青い方の。松浦さん。
ちえ　もうほんとかっこいいから！　やばいから！
のぞみ　うん、そうなんだよね。
ちえ　昨日も行ってきましたー！
のぞみ　毎日行ってるんだっけ？

ほのか、本を読み出す。

ちえ　ううん、月水金土だけ。それ以外は松浦さんいないし。
のぞみ　週四って結構すごいね。
ちえ　全然！　毎日会いたいくらいだもん。今日は木曜だから会えないしテンションぶち下がりだよ。
のぞみ　そっかあ。でもいいなあ、好きな人に週四回も会えて。ね、ほのかちゃん。
ほのか　ん？　うん、そうだね。
ちえ　ねー、今はさ、いいじゃんこんなの。

ちえ、ほのかの本を取り上げる。

ほのか　あ。
ちえ　ほのかはさ、好きな人いないの？
ほのか　いないよ。
ちえ　嘘だよー、絶対いるね。怪しい。ねね、教えて。誰にも言わないから。
ほのか　いないって。
ちえ　え、ほんと誰にも言わないよ。ね、誰。

ちえ、教室を見渡し、

ちえ　山本？
ほのか　違うって、いないってば。
ちえ　えー、いいじゃん、山本。
ほのか　ごめん、ほんとやめて。

間

ちえ　え、何怒ってんのー？

のぞみ　あ！　ねえ、知ってる？　手品でよく鳩が使われるのは、鳩が暗くなると大人しくなる習性があるからなんだって。
ほのか　いや、何の話。
のぞみ　鳩が出てくるってすごくない？　あれ目の前でやられたらたぶんびくってなるよね。
ちえ　どうでも良。なんなの、そのたまに出してくる雑学みたいなの。
のぞみ　あはは、ごめん。おもしろいかなあと思って。
ちえ　そんなのおもしろいわけないじゃーん。のぞみってほんと変だよね（笑）
のぞみ　あはは、よく言われる。
ちえ　ね、それより聞いて聞いて、昨日ね、松浦さんととうとう話したの!!!
のぞみ　えー、すごいね。
ちえ　もうー、やばい！　まじやばい！　しかもね、私がいつも飲むヨーグルト買うこと覚えてくれてたの！あ、それがきっかけで話したんだけど。のぞみ、ちょっと松浦さんやって！
のぞみ　え、やるって何。
ちえ　松浦さん役！　再現するから！
のぞみ　え。
ちえ　ここレジ！　ここレジね！　立って！
のぞみ　あ、うん。
ちえ　で、ここ、なんか唐揚げとか置いてるとこね。で、あっち入り口！　で、ここが雑誌コーナーで、ここが飲み物！　あ、ペットボトルの方ね。飲むヨーグルトは、プリンとかそっちの方に置いてあるから。で、このレジの前の通路はお菓子コーナーね！
のぞみ　うん、どこのコンビニも大体そうだよね。
ちえ　じゃあ入ってくるから、いらっしゃいませーって言って。
のぞみ　う、うん。
ちえ　ウイーン。（自動ドア）
のぞみ　いらっしゃいませー。

ちえ、会釈する。

ちえ　今のポイント！　会釈すんの！　礼儀正しい子って印象になるでしょ？　それで、まずは、雑誌コーナーに行くの。ちょっとでも長くいたいからさ。でも、十五分が限度ね。あんまり遅くなってもお母さんに怒られるし、あんまり長くいても松浦さんに変に思われるから。で、雑誌見ながら、こう、松浦さんをさり気なく視界に入れる訳。左側からの松浦さん。で、五分くらいそれを堪能したら、お菓子コーナーに行くの。お菓子買うか迷ってるふりしながら、正面からの松浦さんを拝むわけ。買わないんだけどね、お菓子。それ五分ね。それから、飲むヨーグルトの棚に行って、迷うふりしながら、右側からの松浦さんを堪能するの。それ四分。で、とうとうそれをレジに持って行く！
一番接近できる一分ね！

のぞみ　ほんとにぴったり十五分なんだね。

ちえ　うん、その辺はちゃんとする。でも、昨日は最後の一分に嬉しい誤差が！　聞いて聞いて聞いて！

のぞみ　うん、聞いてるよ。私今松浦さん役だし。

ちえ　ほのかも！　もうまたこんなの読んで！

ちえ、ほのかの本を取り上げる。

ほのか　あ。

ちえ、取り上げた本を飲むヨーグルトの代わりにしながら、

ちえ　でね、飲むヨーグルトレジに持って行くじゃん。そしたらさ、松浦さんがさ、『今日は、桃味ですね。』って!!!　やばくない!?　覚えてくれてんの!!　私が！いつもはマンゴー味買ってるってこと!!

ほのか　そりゃ週四回も行けばさ。

ちえ　ちょっとのぞみやって！　松浦さん！『今日は桃味ですね。』って。

のぞみ、戸惑いながら、

のぞみ　今日は、桃味ですね。

ちえ　きゃー!!!!　やばくない!?

のぞみ　今わたし松浦さんできてた？

ちえ　まあまあ!!　松浦さんの方が百倍かっこいいけど!!

短い間

ほのか　あ、止まってるね、非常ベル。

ちえ　あ、ほんとだね。

ちえ、廊下を覗きに行く。

ちえ　やっぱ町田だった。

ほのかとのぞみも覗きに行く。

のぞみ　あれが町田くんかー。すごい怒られてるね。
ほのか　やっぱばかだ。
ちえ　あ、ひなちゃん、やっほー。（手を振る）

ほのか、少し気まずそうな顔をして、席に戻る。

ちえ　あれ、ほのかひなちゃんと仲良くなかったけ？
ほのか　一年の時ね。
ちえ　今は仲良くないの？
ほのか　別に。普通。
ちえ　バイバイくらいすればいいのに。

ゆきな入ってくる。

ゆきな　おはよー。
のぞみ　あ、ゆきなちゃん。おはよう。
ゆきな　なんで町田怒られてるの？
のぞみ　なんか、非常ベル押したみたい。
ゆきな　えー、また？
ちえ　てかゆきなもう昼休みだよ。すんごい久しぶりじゃん。いつぶり。
ゆきな　別に、言っても三日ぶりくらいだよ。
ちえ　なんで休んでたの？　何してたの？
ゆきな　んー、YouTube見てた。なんかね、キーくんの告白企画があって、すごいかっこいいの。もうほんとやばいんだよー！　キュン死するかと思った。
ちえ　へー。私の松浦さんも、昨日進展あったんだよ！　話しかけられたの！　今二人には話したんだけど。聞く？　聞く？
ゆきな　十回聞いてるからいいよ。
ちえ　違うって、昨日の話！　新情報！
ゆきな　あとで二人から聞くよ。
ちえ　えー、わかった。あー、明日も推しに会える。早く会いたいなあ。

ゆきな　いいなあ、簡単に会えて。私もキーくんに会いたーい。
ちえ　んー、なんていうか、私はもっと現実の恋だからね。だってお客さんなんていっぱい来るのにさ、私の買う物覚えてくれてんだよ？　しかも話しかけてくれたんだよ？　これってさ、ちょっとは私のこと気にしてくれてるってことかなあ。
のぞみ　あー、そうかもね。
ゆきな　え、別に私だって会える可能性あるよ。
ちえ　えー、でも芸能人みたいなもんじゃん。そんなの本気じゃないでしょ。それに会っても変わんないよー。中学生のことなんてなんとも思わないって。ゆきなも早く本物の恋、した方がいいよ。
ゆきな　…………。
のぞみ　あ、あのさ、ＹシャツのＹってさ。
ほのか　もういいって雑学。（笑）
のぞみ　あはー、そうだよね。
ちえ　空気読んでよ。（笑）とにかくさ、芸能人みたいな人と、中学生が恋愛するなんて、漫画の世界じゃん。すべて漫画。現実見た方がいいよ。

ゆきな、立つ。
場に緊張が走る。

ゆきな　……ビート。
ちえ　え？
ゆきな　ビート‼　ビートちょうだいって言ってんの‼
ちえ　え、なに？

ビートが流れる。

照明変化

ざわつく三人。
ゆきな、マイクを持ってちえに迫りながら

ゆきな　yoyoyo。知らないでしょ？
ちえ　え？
ゆきな　［知らないでしょって言ってんの！
この気持ちの大きさ！　深さ！
そうさキーくんは心の支え！　私の希望！　そして生きる糧！　それってミラクル！
狂ってる？　そう思う？　どうぞお好きに。

刻めその胸に！
キーくんを見てると胸の空洞が埋まるの。灰色の世界に色がつくの。本気じゃないって決める権利ない。気持ち否定される筋合いもない。
本気の恋って決めるの私自身。
どこから来る？　お前のその自信。
上から目線、腑に落ちません。偉そうに恋語る時点でダサい。
もはや事件だ　帰ってください。」

音楽　アウト
照明が戻る

ちえ　……。
のぞみ　……。
ほのか　……。
のぞみ　あ、あ、終わった、のかな？　ビート？　ラップ？
ほのか　え、どこから（この音）……。
ゆきな　帰る。
のぞみ　え、今来たとこ。
ほのか　帰ってください。って言ってたのにゆきなちゃんが帰るの？
ゆきな　言ったけどね！　やっぱ私が帰るわ。じゃねー、バイバイ。

ゆきな、出ていく。

のぞみ　あ、なんかゆきなちゃんの好きなキーくん？　ラップしてる動画とかもよくあげてるんだって。
ちえ　……ふーん。

SE　非常ベルが鳴る。

ほのか　え、また？
のぞみ　まあ、確かに若干非常事態ではあるけど……。あは、あはは。町田くんかなあ？
ちえ　さっき怒られたとこだよ。そこまで馬鹿じゃないでしょ。

三人、廊下に見に行く。

SE　アウト

照明変化

●ゆきなの家

ゆきな　あー、むかつくむかつくむかつく。まだ言い足りないな。もうちょっとディスってやればよかった。ただいまー。

母　え、ゆきなちゃんもう帰ってきたの？

ゆきな　うん、だるいことあったから。

母　早退しちゃった？

ゆきな　一瞬で帰ってきたから早退っていうのかわかんないけど。

母　どうしたの？　体調悪いの？　大丈夫？

ゆきな　別に悪くないよ。

母　本当？　いじめられたの？

ゆきな　いじめられてないって。

母　本当？　クラスに意地悪な子いるの？

ゆきな　別にいないよ。

母　先生に相談してみようか？

ゆきな　やめてって。ほんと別にないからそういうの。

母　本当？　行動班も生活班も問題ない？

ゆきな　ないない。

母　教室の席はどこ？

ゆきな　どこでもいいじゃんそんなの。

母　何かあったらすぐにパパかママに相談するのよ。

ゆきな　うん、わかったわかった。

母　お母さん全部フォローするからね？

ゆきな　うん、ありがと。

母　苦しんじゃダメなんだよ？

ゆきな　うん。

母　我慢しちゃダメなんだよ？

ゆきな　うん。

母　溜め込むのが一番良くないんだからね？

ゆきな　もう、わかったってば!!

母　……怒らないで、ゆきなちゃん。ママはゆきなちゃんが大切なのお。

ゆきな　ちょ、泣かないでよ。

母　ゆきなちゃんは強い子だもんね？　お母さん強い子に育てたんだもの。

ゆきな　うん、そう、強いから、大丈夫なんだって。もういいでしょ。ほら、お母さんなんかあったかいもんでも飲んで来れば？

母　うん、そうね、そうね、ありがとうゆきなちゃん。あとでお母さんとおやつ食べようか？

ゆきな　わかったわかった。

母　ゆきなちゃんが元気になるクッキーよ。

ゆきな　うん、嬉しい嬉しい、ありがとありがと。

母、出て行く。

ゆきな、深いため息。

スマホを出して、キーくんの動画を見始める。

ゆきな　あ、コラボ企画だ。

溶暗

●教室

舞台、明るくなる。

三人戻ってくる。

のぞみ　町田くんだったね。

ちえ　町田だったね。

ほのか　やっぱバカなんだよ。

のぞみ　なんでそんなに非常ベル押したいのかなあ。

ちえ　なんか怒られてる時に逆上？して、興奮してまた押したらしいよ。

のぞみ　……大丈夫かなあ。

ほのか　町田は大丈夫でしょ。

のぞみ　あ、じゃなくて、ゆきなちゃん。

ちえ　……。

ほのか　……なんで、あんな風にできるんだろうね。

のぞみ　うん、確かにラップはすごいね。

ほのか　違くて。あんな風にはっきり自分の気持ち言えるのすごいなあと思って。

ちえ　ラップだったけどね。

のぞみ　ソウルが入ってたよね。

ほのか　それに、なんであんな風に自由に学校来たり来なかったりできるんだろうね。

ちえ　親に怒られないからじゃないの？

ほのか　うん、それもそうかもしれないんだけど、そういうことじゃなくて。なんていうか、目立つじゃん、そんなことしたら。周りの目とかさ、誰かに何か言われるのとかこわくないのかなと思って。
のぞみ　あー。
ほのか　どんなに学校がつまんなくてもさ、私だったらできないよ、あんな風に。こわくて。こういう言い方があってるかわかんないけど、ちょっとかっこいいなと思って。
のぞみ　わかる気がする。

ほのか、なんだか気恥ずかしくなって話を逸らす。

ほのか　ユーチューバーの話ずっと聞かされんのは嫌だけどね。(笑)
のぞみ　うん、それはちょっと。(笑)
ちえ　いいじゃん、ゆきなの話はさ！　またけろっとした顔で学校来るよ。
のぞみ　うん、そうだね。
ちえ　てかほのかさ、学校つまんないの？
ほのか　いや、つまんないっていうか。
ちえ　なんで？　なんでつまんないの？
ほのか　え、なんでって。だってさ。え？
ちえ　私たちがいるじゃん！
ほのか　いや、うん、まあ……。
ちえ　あ、やっぱひなちゃんの方がよかった？
ほのか　え？
ちえ　だって一年の時すごい仲良かったじゃん。でもさっきバイバイもしてなかったしさ。私はしたけどさ。ひなちゃんと仲悪くなったから学校つまんないの？
ほのか　別に仲悪いわけじゃないよ。
ちえ　えー、ほんと？　喧嘩したんじゃないの？
ほのか　そういうのじゃなくて。クラスが離れただけだよ。ごめん、もういいかな。
ちえ　え、だってクラスが離れただけでさ、
のぞみ　あー、ねえちえちゃん、昆布が海の中でなんでダシが出ないか知ってる？
ちえ　知らない。し、どうでもいい。

照明変化

●ほのかとひな

ほのか、本を読んでいる。
そこへひながやってくる。

ひな　ほのかー、移動教室一緒に行こ。
ほのか　うん。
ひな　何読んでるの？
ほのか　これ、こないだお母さんに買ってもらったんだ。『世界なら冒険として世界』。
ひな　へー、面白い？
ほのか　うん、面白いよ。妖精とか出てくるの。読み終わったら貸してあげるよ。ひなちゃんもファンタジー系好きでしょ？
ひな　うん、好き好き。あ！　この作者、私が今読んでる本と同じ人だ！
ほのか　え、ほんと!?
ひな　この人の本おもしろいよねえ。
ほのか　うん、なんか和風ファンタジーなんだよね。
ひな　そうそうそうそう！　私のも読み終わったら貸してあげるよ。
ほのか　ほんと？　ありがとう！　楽しみだなあ。
ひな　行こ。
ほのか　うん。

廊下を歩く二人。

ひな　寒。
ほのか　なんか、冬の空って感じだねえ。

ほのか、窓際へ。
ひなも隣へ。

ひな　ほんとだねえ。
ほのか　私たちにももうすぐ後輩ができるんだね。
ひな　ねー。変な感じ。
ほのか　……二年になってさあ、クラス離れたらやだね。

ひな、ほのかをくすぐる。

ひな　なーに黄昏てんの！

ほのか えー、だって考えるだけで寂しいんだもん。
ひな そんなの私だって寂しいよー。……こんなに仲良くなれる子なかなかいないよ。
ほのか 私も！　私もそう思う！
ひな もしさ、もしクラス離れてもさ、十分休憩とか会おうよ。
ほのか うん、会おう！　でさ、帰りも一緒に帰ろうよ！
ひな いいね、私靴箱で待ってるよ。
ほのか 絶対だよ？
ひな 絶対絶対！
ほのか でさ、本交換も今みたいにずっとしよう。
ひな うん、しようしよう！　じゃあー、毎週火曜日？
ほのか 曜日決めるの？
ひな そしたらさ、十分休憩とかあんま会えなくなることがあっても、火曜日は絶対会えるじゃん！
ほのか え、会えなくなる前提なの？
ひな 違う違うよ！　そういう約束あった方がなんか安心じゃん！
ほのか あんま会わなくなるつもりなんだー。ふーん。へー。
ひな 違うってー!!　ずっと仲良くいたいってこと！
ほのか ふーん。
ひな ほのか。ほーのーか。ほーのーちゃん。何拗ねてんのー。
ほのか 別にー、拗ねてないけど。
ひな 拗ねてるじゃーん！

ひな、ほのかをくすぐる。

ほのか ちょっと、ちょっとやめてよ。あはははは。ちょっと。

ひな、じゃれ合いをやめて真剣な表情になり、

ひな ほんと、クラス離れてもさ。ずっと仲良しでいようよ。

ほのか、突然猫だましをする。

ひな わ、びっくりした！
ほのか 猫だまし。

ひな　え？　何それ。

ほのか　猫だましっていうんだよ。これ。

ほのか、猫だましをする。

ひな　わ！だからもう、びっくりするってばー。やめてよー。

ほのか、何度も猫だましをする。

ひな、何度も驚く。

二人で笑う。

ほのか、ひな、別々の方向に歩く。

ひな、いなくなる。

照明変化

ほのか、本を持って、立って朗読。

ほのか　『ひなちゃんと、ほのか。二人は約束していた。ずっと仲良しでいることを。それは、その時、二人にとっては紛れもない本当で、嘘なんてこれっぽっちも混じっていなくって、きれいな、きれい過ぎる本当だった。』

生徒1、立って朗読

生徒1　『二年になると、予感通りクラスが離れた。すごく悲しかったけど、でも、大丈夫だと思った。二人には、約束があったから。あったのに。十分休憩にたずねるひなちゃんは、なんだかどんどんよそよそしくなっていった。』

生徒2、立って朗読。

生徒2　『ほのかと話している時も、派手なグループの子たちが、教室からひなちゃんの名前を呼ぶ。『ごめんね。』と言って、ひなちゃんは行ってしまう。少しずつ、ひなちゃんをたずねる回数が減っていった。いつの間にか、帰りの靴箱に、ひなちゃんがいることはなくなった。』

ほのか　『廊下ですれ違うひなちゃんは、いつも派手なグループの子たちと歩いている。どちらからともなく、すれ違っても、手も振らなくなって、目すら合わせなくなってしまった。クラスが離れるということは、違う世界に住むということなのか。ひなちゃんは違う世界に行ってしまった。違う、世界。「違う」「different」「世界」「world」「Different world.」』

生徒１ I think so!!

ほのか Do you think so?

生徒２ Yes! I think so!!

ほのか I think so too.

音楽

照明変化

三人、ビートを刻みながらマイクを出す。

ほのか ［yeah yeah yeah 他のクラスはまるで別世界。ひなちゃんがいるのは別の世界。］

生徒２ ［いってみたいその世界線。広がる世界はまるで異世界。男子とキャーキャー言ってて、先輩と付き合ってて、派手そうなやつらは大体ともだちなんでしょ。］

生徒１ ［というような子たちに、なんでこんなに引け目を感じるの。］

ほのか はい！(挙手)

生徒１ はい、きみ！

ほのか 一度、地味でも派手でもないグループの子が、スカートを折って短くしてはいてきたことがあったんです。そしたら、

生徒１ そしたら？

ほのか そしたら、その子たち。今、ひなちゃんと一緒にいるような子たちが、『あいつ調子に乗ってる』って陰口を叩き出して。自分たちもしてるくせに。

生徒２ 『足太いくせに似合わないよー(笑)』

ほのか って、みんなで手を叩いて爆笑してたんです。恐ろしかった。自分たちが認めた人以外は、スカートを短くしてはいけない、ということらしいです。

生徒１ その基準はどこにあるんですか？

ほのか わかりません。はっきりとは。でもなんとなくわかります。私は、違う。上、とか下、とかがあるんです。

［上下上下上下上下上下。スクールカースト、という言葉を知った。手を叩いて爆笑されるなんて絶対嫌だ。

できるだけ、目立たないように過ごそうと決めた。友だちがいない、ということも、目立つことに入ってしまう。」
だから、私は、特に気が合うわけでもない、なんとなくはみ出てしまったこの子たちと、別に聞きたくもない話を聞きながら過ごすのだ。まだ、ひなちゃんに返してない本が一冊。いつか返せる日が来るだろうか。
……yeah。

音楽　アウト
照明変化

●教室

三人（のぞみ、ほのか、ちえ）沈黙。
気まずい雰囲気。
のぞみ、何かを口に入れる。

ちえ　のぞみ何食べてんの？
のぞみ　え。
ちえ　なんか食べてたでしょ今。
のぞみ　え、食べてない。食べてないよ。
ちえ　嘘だよー。絶対なんか今口に入れたじゃん。ねえ、ほのか？
ほのか　さあ。でもなんかよく隠れて口に入れてるよね。
ちえ　やっぱ？　私もなんか怪しいなあって思ってたんだー。
のぞみ　あ、さっきのお弁当の残り！
ちえ　嘘だよ、もっと甘い匂いするもん。ちょっと見せて。

ちえ、のぞみが机の中に隠したものを取り上げる。

のぞみ　あ！
ちえ　ポイフル？
のぞみ　……。
ちえ　だめでしょ、お菓子は。
のぞみ　いやあ。

のぞみ、何も言えなくて、ヘラヘラする。

ちえ　のぞみってぼーっとしてるのに意外と大胆だよね。
のぞみ　あはは、ぼーっとしてるかなあ。
ちえ　してるじゃん！　ねえ、ほのか？
ほのか　してるね。
ちえ　しかも隠れてお菓子食べるとかさ、食いしん坊でもあるね。
のぞみ　あはは。
ちえ　ぼーっとしてて食いしん坊ってさ。もう、象じゃん！
のぞみ　象？
ほのか　あんまりしっくりこないよ、それ。
ちえ　えー、そう？　背も高いしさ。いいじゃん、象。あだ名、象にする？
のぞみ　えー、やだなあ。
ちえ　エレファント？
のぞみ　英語かあ。あはは。あ、象といえばさ。象の鼻って、骨がなくて、全部筋肉で出来てるんだって。
ちえ　もう、なんでこのタイミングでまた雑学出してくんの。意味わかんない。(笑)隠れてお菓子食べてるしさー。雑学もお菓子もちょっと我慢して。

のぞみ、ヘラヘラしている。
ちえ、何かが癪に障り、

ちえ　なんでずっとヘラヘラしてんの？　脳みそ大丈夫？

のぞみ、ヘラヘラしている。

ちえ　まあ、お菓子のことは先生に黙っといてあげるよ。親友のよしみね。ほら、バレないようにカバンに入れときなよ。
のぞみ　うん、ありがとう。

照明変化

●リフレイン

ちえ　のぞみって本当変だよね。(笑)

のぞみ、ポイフルを口に入れる。

ちえ　ぼーっとしてるよね。

ほのか　うん、してるね。

のぞみ、ポイフルを口に入れる。

ちえ　意味わかんない。（笑）

のぞみ、ポイフルを口に入れる。

ちえ　脳みそ大丈夫？

のぞみ、ポイフルを口に入れる。

のぞみ　一つ言葉を飲み込む度に、隠れて一つ、ポイフルを口に入れる。外に出せなかった言葉は、小さな甘い粒と絡まって、そのカラフルな色に紛れてくれる。また、一粒。

ほのか、ちえ、いなくなる。

照明変化

●のぞみの家

母　ただいまー。

のぞみ　あ、お母さんおかえり。今日は早いね。

母　うん、ひと段落したから。

のぞみ　今日テスト返ってきたんだよ。見て。

母　おー、80点。すごいじゃん！　がんばったから、今日は外に食べに行こうか？

のぞみ　え、ほんと？

母　たまにはね。

SE　母のスマホにメールが来る。

母　あー、ダメだ。仕事。行かなくちゃ。

のぞみ　そっか。

母　ごめんね、いつも。

のぞみ　ううん、大丈夫。慣れてるし。

母　おばあちゃん家行って、ご飯食べて。
のぞみ　うん、わかった。仕事がんばってね。

のぞみ、母の背中を見送り、祖母の家に向かう。
照明変化

のぞみ、葉っぱをちぎりながら歩く。

のぞみ　はっぱ。ぱ、パンダ。だ、ダンプ。ぷ、プリン。あ。もう『ン』ついちゃったよ。ほんとばかだよなあ……。プププププププリン、プリン、プリンの歌だよ　♪プリンの歌だよ　♪おばあちゃーん。
祖母　のぞみ、夕飯か？
のぞみ　うん、お母さん一回帰ってきたんだけど、また仕事行っちゃった。
祖母　またかいね。上がり上がり、ちょうど準備しとったところよ。
のぞみ　手伝うよ。

台所に並ぶ二人。

のぞみ　今日テスト返ってきてね、80点だったんだよ。
祖母　すごいねえ。のぞみはやっぱり賢いんやなあ。
のぞみ　賢くはないよ。どっちかっていうと、ばかだよ。脳みそ大丈夫じゃないかも。
祖母　何を言うか。のぞみは賢いよ。昔から、頭の良い、優しい子だよ。
のぞみ　……あ、あ、洗剤切れそう。
祖母　ありゃ。
のぞみ　ねえ、今日も教えてよ。いつものやつ。
祖母　ええよお。そうだねえ。ベートーベンの『エリーゼのために』っていう曲知っとる？
のぞみ　うん、知ってる。
祖母　あれ、本当は違う名前なんよ。
のぞみ　え。
祖母　本当は『テレーゼのために』っていう曲なんやけど、ベートーベンの字が汚くて、読み間違えて、『エリーゼのために』になったんよ。
のぞみ　へえ！　そうなんだ！　おばあちゃんは色々知っててすごいなあ。
祖母　おもしろいやろ。明日学校で友だちにも教えたり。みんな、のぞみちゃんすごいなあって言うよ。

のぞみ　うん、そうだね。

照明変化

●ちえの家

ちえ　ただいまー。
母　おかえり。あ、あんた、今日テスト返ってきたんでしょ。
ちえ　え、なんで知ってんの。
母　町田くんのお母さんから聞いたわよ。見せなさい。
ちえ　返ってきてないよ。
母　何わかりやすい嘘ついてんの。いいから見せなさい。
ちえ　……やだ。
母　もう、ややこしいわね。いいから。見せなさい。

ちえ、しぶしぶテストを出す。

母　……（深いため息）
ちえ　今回はたまたま！　次はいい点取れるから！
母　前もそんなこと言ってたじゃない。口ばっかりなんだから。
ちえ　……。
母　有言実行っていう言葉知ってる？　言ったことはちゃんとしないと。お姉ちゃんは言ったことはちゃんとするわよ。
ちえ　……うん。
母　なんであんたはできないの。
ちえ　着替えてくる。
母　なんで逃げるの。そうやって逃げるからいつまでたってもそんななのよ。なんで姉妹でこんなに違うんだか。
ちえ　もう、うるさいなあ。
母　ほら、そうやって。自分のダメなとこはちゃんと認めなさい。
ちえ　わかってるよ、そんなの。
母　わかってないでしょう。変わるには、自覚が大事なのよ。
ちえ　……私がお姉ちゃんみたいになれば満足なの？
母　そうは言ってないけど。

ちえ　言ってるじゃん。お母さんは誰を見てるの？
母　は？　今？　あんたの顔見てるけど。
ちえ　変わりなさいっていうけどさ、お母さん、今の私のこと全然見てないじゃん。
母　だから、見てるじゃない。今。目合ってるでしょ？
ちえ　そういうことじゃなくて！　今のまんまの私を、
母　くだらないこと言ってないで。夕飯までテスト間違ったとこ、やり直しておきなさい。
ちえ　……復習しない。夕飯もいらない。
母　夕飯は食べなさいよ。復習もしなさい。ちゃんと。
ちえ　もう、帰ってよ！
母　ここ家よ。何言ってんの。
ちえ　……。
母　ほんと、あんたはよくわかんないわ。ちゃんと復習しなさいよ。今のままじゃあんたが困るんだからね。

母、出て行く。
ちえ、座る。しぶしぶ復習を始める。

ちえ　……はあ、わかんない。

ペンで机を打つ。

ちえ　私だって勉強できたいし。できないけど。運動だってできたいし。できないけど。友だちに尊敬されたいし。されてないけど。お姉ちゃんみたいになりたいし。……なれないけど。こっち向いてくんないかなあ。

溶暗
SE　教室の日常。声。音。

●教室

明るくなる。
SE　アウト
のぞみ、ほのかやってくる。
ほのか、座って本を読む。

のぞみ　おはよう。ちえちゃん。
ちえ　おはよう。あのさ、聞いて聞いて、昨日ね、松浦さんいない日だって言ってたじゃん。でもさ、松浦さんの空気感じたくて、ローソン行ったの。
のぞみ　あそこのナチュラルローソン？
ちえ　違うってば！　普通のローソン！　青い！
のぞみ　あ、そうだそうだ、青い。
ちえ　……なんでさ、こんなに毎日話してるのに間違えるの？
のぞみ　ごめん、私忘れっぽいからさ。
ちえ　違うよ、聞いてるふりして聞いてないんでしょ。私の話なんかどうでもいいって思ってるんだよ。
のぞみ　そんなことないよ、聞いてるよ。
ちえ　じゃあ、なんで忘れんの？　まじで脳みそ大丈夫？
のぞみ　あはは、はは。ははは。…………やだな。
ちえ　え？
のぞみ　その、脳みそ大丈夫？って言われんのちょっと嫌かなって。あはは。
ちえ　だって、のぞみが聞いてないからじゃん、私の話。覚えててくれてないからじゃん。
のぞみ　……あのさ、ベートーベンの『エリーゼのために』っていう曲知ってる？
ちえ　出たよ。またそうやってさ。どうでもいいって。
のぞみ　『エリーゼのために』って本当は違う名前なんだって。
ちえ　だからどうでもいいって。
のぞみ　本当はね、『テレーゼのために』っていう曲なんだけど、
ちえ　おもしろくないってば。それよりさ、昨日ね、
のぞみ　本当は！　『テレーゼのために』っていう曲なんだけど、ベートーベンの字が汚くて、読み間違えて『エリーゼのために』になったんだって!!
ちえ　……なんなの。
のぞみ　……。
ちえ　ほのかもさ！　なんでいつも本読んでるの？　私が話してるのに、なんで聞いてくれないの？
ほのか　聞いてるって。
ちえ　嘘だよ。

　　ちえ、ほのかの本を取り上げる。

ほのか　あ。
ちえ　……ねえ、私たちさあ、親友だよね？

ほのか　え。
ちえ　のぞみもさ、私たち、親友だよね？
　　ほのか、のぞみ、答えられない。
　　ゆきな、やってくる。
ゆきな　おはよ。
のぞみ　あ！　ゆきなちゃん、おはよう！　今日早いね。
ゆきな　うん、家にいんのもちょっとだるいなって。
　　ゆきな、ちえを見て、近くに行き、
ゆきな　おはよう。
ちえ　え、うん。……うん。
ゆきな　あのさ、昨日ごめんね。
ちえ　え？
ゆきな　いや、なんか言い過ぎたかなと思って。だからごめんね。それだけ。
　　ゆきな、自分の席に向かう。

ちえ　……なんでゆきなが謝るの？
ゆきな　え？　だから言い過ぎたかなと思って。
ちえ　だって、私が先に言い過ぎたからじゃん。
ゆきな　あ、言い過ぎたってわかってたのか。
ちえ　なのにさ、なんでゆきなが先に謝ってくるの？やめてよそういうの。
ゆきな　え、意味わかんない。
ちえ　意味わかんなくないんだって。ゆきなはさ、ずるいよ。
ゆきな　は？　何が？
ちえ　なんか余裕っていうか。そうやってさらっと謝れてさ、周りのこと全然気にしてません、みたいな顔してさ、自分の好きなように自由にしてるだけなのに。なのにちょっと憧れられたりとかしてさ。
ゆきな　え、私憧れられてんの？
ちえ　ゆきな見てたら、みんなの気を引きたくて必死にやってるのが馬鹿みたいに思えてくる。
ゆきな　あ、気を引きたかったの？
ちえ　……だって、こっち向いてほしいじゃん。
ゆきな　わかんないけど。向かれ過ぎるのもそれはそれでしんどいと思うけどね。

ちえ　ゆきなみたいな人にはわかんないよ。

ゆきな　……あのさあ、私、そんなんじゃないよ。

ちえ　え？

ゆきな　ちえが思ってるような。なんていうか、私だって色々あるよ。

のぞみ　ちえちゃん、ごめんね、あの、ローソン、青い方！　覚えたからさ。

ゆきな　てか、私だけじゃなくてさ、みんな色々あるでしょ。

ちえ　……。

ほのか　ごめん、私正直、ちえちゃんのこと親友なんて思ったことなかった。

のぞみ　ほのちゃん。

ほのか　ちえちゃんだけじゃなくて、みんななんだけど。え、のぞみ親友だと思ってた？

のぞみ　うーん、いやあ。

ほのか　クラスで浮きたくないから、なんとなくはみ出た人たちで適当に一緒にいんのかなあって。みんなそう思ってんのかなあって。

ゆきな　まあ、みんな気は合わないよね。

ほのか　うん、合わない。

のぞみ　うん、正直。

ゆきな　大して楽しくないもんね、一緒にいても。

ほのか　うん。落ち着きもしないしね。

のぞみ　うん。

ゆきな　え、ちえはさ、私たちと一緒にいて楽しいの？

ちえ　……あんまり楽しくない。

ゆきな　じゃあ落ち着く？

ちえ　……んなわけないじゃん。

間

三人爆笑。笑いながら、

ゆきな　なんなのそれ、あんなに親友とか言ってたのに。ちえもそうなんじゃん。うける。

ほのか　全員苦痛っていう。

ゆきな　なのに、なんとなく半年以上一緒にいれたってある意味すごいよね。

のぞみ　確かに。

ゆきな　なんなんだ私ら。

ちえも笑う。四人で笑う。
笑いも落ち着き。

ちえ　……私は、みんなと親友になりたい。今からでもいいかな。
ゆきな　それはどうだろう。
ちえ　今、すごい勇気出して言ったんだけど。
ゆきな　親友なんてさ、別になろうと思ってなるもんじゃないでしょ。
ちえ　……そうなの？
ゆきな　親友だよね？　なんて口約束、うそくさいよ。
ちえ　そうやって、またかっこいいこと言ってさ。いいなあ。
ゆきな　かっこよくないって別に。そんなんじゃないんだって。
ちえ　じゃあ親友じゃなくていいから。みんなと、友だちになりたい。
ゆきな　別に、友だちは友だちでしょ。
ちえ　え、それはそうなの？
ゆきな　そうでしょ。

ちえ、少し笑う。

ちえ　あのさ、私の松浦さんの話、聞かなくていいからさ、みんなの、色々、聞かせてよ。
ゆきな　えー、やだ。
ちえ　え、なんで？　なんでなんで？
ゆきな　あんまり人に話したくないから。
ちえ　えー……。
ゆきな　まあ、話したい気分になったら適当に話すよ。だから、その時は聞いてよ。
ちえ　うん。
ほのか　とりあえずさ、私の本取り上げるのは心からやめてほしい。
ちえ　え、あれそんなに嫌だ？
ほのか　嫌だよ。
ちえ　そうか、嫌なのか。だってほのか、私が話してるのに読むんだもん。
ほのか　松浦さんの話、ほんとどうでもいいんだよなあ。
ちえ　え―――。

ほのか　あと、私の本を飲むヨーグルト代わりに使ったのも根に持ってる。
ちえ　え、あれそんなに嫌だ？
ほのか　むちゃくちゃ嫌だよ。
ちえ　そっかー。わかった。ほのかは根深いタイプなんだな……。
ほのか　え？
のぞみ　あ、ほら、ちえちゃんもさ、松浦さんの話も聞くけどさ、それ以外の、色々？　聞かせてよ。
ちえ　やだ。
のぞみ　え。
ちえ　まあ、話したい気分になったらさ、適当に話すよ。だから、その時は聞いてよ。
のぞみ　うん。もちろん。
ゆきな　それ私がさっき言ったやつじゃん。

四人の間に、柔らかい空気が流れる。

ちえ、ドアの向こうに立っているひなを見つける。

ちえ　あ、ひなちゃん。
ほのか　……。
ちえ　何？　ほのか？
ほのか　え。
ちえ　呼んでるよ、ほのかのこと。
ほのか　え。なんで。
ちえ　知らないけど。
ほのか　……。
ちえ　ほのか、呼んでるってば。
ほのか　うん。

ほのか、行こうとしない。

ちえ　やっぱ喧嘩してんの？
ほのか　……してない。喧嘩。
ちえ　あ、そうなの？
ほのか　……。
ちえ　私代わりに行こうか？
ほのか　ううん、いい。

ほのか、行こうとしない。

ちえ　あ、嫌いなの？
ほのか　そんなわけないよ！
ちえ　あ、そうなの？
ほのか　……そんなわけないよ。

ほのか、ドアの方へ向かう。
ひなから、本を手渡される。
ほのか、戸惑いながら本を受け取り、
ひなの顔を見る。

ＳＥ　非常ベルが鳴る。
溶暗
ＳＥ　アウト
音楽

幕がおりはじめる。

――了――

上演のてびき

佐藤幸子

「齢三十オーバーの私から見ると、中学生とはなんてみずみずしいのだろうと思います。

子ども、でもなく、大人、でもない。ふとした教室での風景に眩しさを感じるほどです。

今年でなくなってしまう弦巻中学校の演劇部。この脚本は、部員四人へのラブレターのつもりで書きました。というより、この四人じゃないと書けませんでした。

これから成長していく彼女たちの、今、でもいいし、いつか、でもいいので、この作品が、この作品をつくった時間が、少しでも彼女たちの光になってくれればと願います。」

これは、二〇一八年の東京・世田谷区大会当日に配布された「鑑賞の手引き」に寄せて書いたものです。『そんな4人』は丸っきりこの気持ちで創り始めました。

稽古中、「みんなにとって、どんなことが事件なんだい？」と聞いたことがありました。

歳を重ね随分図太くなった今、「そんな些細なことが！」と新鮮でしたが、自分の中学生時代を振り返ってみると、やっぱり同じようなことで世界が揺らいでいました。毎日通う教室、毎日会うクラスメイト、その中で変化する空気や起こることを敏感に感じとっていたような気がします。

小さな世界、なんて大人になった今だから言えることで、やっぱりその時はその世界が全てでした。そしてそこで起こる葛藤は大きな葛藤でした。今でもどこかに残っているものもあれば、すっかり忘れてしまったり、笑い飛ばせるようなものもあります。それを彼女たちと過ごしていて思い出しました。

演劇部で共に過ごした約一年半、四人は心身共にすごいスピードで成長していきました。

わかってほしくて、わかられたくなくて、なんだか危なっかしくて、時に生意気で、それでいて心が柔らかい。本人もきっともどかしいだろうし、一緒に過ごすこちらも時にもどかしい。そして眩しい。まだまだ成長していく、こちらが感じる眩しさにはきっと気づいていないであろう彼女たちの貴重な「今」。

そんな今の自分をどうか否定しないでほしいという思いを込めました。

四人から始まり、先生方やたくさんの方の力を借りて、みんなの話になりました。誰かの心に届けば嬉しいです。

上演に際して

皆さんの感じたように自由に上演してもらえればいいなと思っています。当時上演する時に意識したことや稽古で行ったことなどを書きますが、参考程度に読んで頂けると幸いです。

オープニングは中学生たちの普段何気なく見ている景色や、感じる匂い、感情、出来事などを散りばめました。四人の名前が割り振られていますが、四人だけの言葉ではなく「中学生」という日々や時間が詰まっているイメージで書きました。

一人ひとりの思いは切実です。それ故にもしかすると一見シリアスに見えるかもしれませんが、「陽気さは忘れたくないやん？」という心持ちで、所々に可笑しみを散りばめつつ、全体を通してもシリアスになり過ぎないよう構成しました。

ラップ部分はもし選曲した音に歌詞がはまらない場合は歌詞を足したり引いたりしてみるといいかもしれません。

場面転換が多いので、転換がかなり作品に影響してきます。お客さんの集中が途切れてしまわないように、暗転をできるだけ減らしました。上演時は早替えや、舞台上で小道具やポイントの衣装をつけ外ししたりしながら、できるだけシームレスな場面転換になるように工夫しました。

短い会話の応酬が多いので、読む時にサラッと読めてしまうのですが、短いやりとりにもたくさんの情報を詰めたので、稽古では特にそこを丁寧にやりました。

日常生活でも思っていることや気持ちと、言葉が一致しないことがあると思います。

例えば、「元気？」と聞かれて「元気です」と言う場合、どんなパターンがあるのか考えてみると、

●本当に元気だからそう言った。
●相手に心配をかけたくなかった。
●心配されるのが面倒臭かった。
●元気ではないけど、相手にいつも元気な人だと思われたかった。
●自分が元気かどうかわからなくてとりあえず「元気です」と言った。
●自分が元気がないことに気づいてなかったのでそう言った。
●反射的に「元気です」と言っただけ。

……などなど、様々な可能性があります。
「元気です」という一言にもその人の性質と、その時の状況、相手との関係性が入り混じってきます。
関係性というのは友達、親子、知り合い、など大枠のものをベースに、相手のことが好き、嫌い、興味がない、尊敬している、見下している、信頼している、好かれたい、どんな人か知りたい、相手は自分のことを〇〇だと思っていると思う、などなど、ここには書き切れないですが、これも日常生活で無意識もしくは意識的に他の人に感じていることだと思います。
その言葉にはどういう背景があるのか、ということと、それぞれの相手との関係性を稽古の中で探っていきました。

四人で演じたので一人二役、または三役を演じましたが、多人数で上演するなら一人一役で演じることも可能だと思います。想像でしかないのですが、オープニングも演者全員で台詞を振り分けてやるとより教室っぽさが出るかもしれません。四人で演じての入れ替わり立ち替わり感もおもしろいですが、一人一役で上演するとどんな風になるのかそれもまた楽しみです。

登場人物の主軸の四人の一人ひとりに、どんなに微かでも最後に光が見えるように、どんなに小さくても一歩進めるように、ということを意識して書きました。それを見つけてもらえるといいなと思います。そして何より、この作品と出逢った時間を楽しんでもらえると嬉しいです。

【初演】二〇一八年、東京・世田谷区立弦巻中学校。
【受賞】日本演劇教育連盟「2020年子どもが上演する劇脚本募集」入選
【作者】佐藤幸子(さとう・さちこ)――東京・公立中学校演劇部外部指導者。演劇創作ユニットmizhen。俳優、脚本、絵などの創作活動。

12人の優しい中学生

野間玲子

市立図書館で起こった本の盗難未遂事件。
犯人として疑われたカズマは、強く否定したまま欠席。
クラスの友人たちは事件の真相を知ろうと試みる——

上演＝東京・練馬区立石神井東中学校演劇部

登場人物（男子5名、女子6名。計11名）

カナメ♂　冷静な学級委員長。
ヨウジ♂　野球少年。野球観戦が楽しみ。
ヒロト♂　落ち着きがない。風邪を引いている。
ソウタ♂　陸上部員。大会記録を持つ。駅伝で棄権した。
マスミ♂　優柔不断で消極的。
リツコ♀　副委員長。
サエコ♀　メモ魔。推理小説好きのキレ者
アカネ♀　明るく友達思い。
コナミ♀　世話好き。
エミカ♀　校長先生のインコを捜している。
ユキナ♀　同じくインコを捜している。
（すべて同じクラスの中学三年生）

時・場所

現代。中学校の教室。
全校集会後の放課後。

表記

☆　同時に
／　次のセリフに遮られる
ト書き（主な動き、必要な行動など）

参考

本作品は、
レジナルド・ローズ作『十二人の怒れる男』
三谷幸喜作『12人の優しい日本人』のオマージュである。

◇プロローグ

幕が開く。薄暗い教室。

壁には「祝5連覇！テニス部」、「優秀賞 合唱部」、金紙付き何かのポスター作品、花飾り付き書道作品など、生徒たちの功績がたくさん貼ってある。

「陸上大会 長距離走の部 優勝新記録 柏木颯太殿」賞状も。

まばらに生徒たちが立っている。

アカネ　15歳。思春期。心が波立つ季節。世の中のオトナたちに、私たちはどんなふうに見えているんでしょうか？
ヨウジ　毎日やってることがなんだかくだらない気がして、やる気にならない日があります。
リツコ　最近、親とうまく会話ができなくなりました。
エミカ　つまらないことで友達とケンカみたいになっちゃって気まずいままです。
ユキナ　卒業した高橋先輩のことしか考えられなくて、勉強が手につかないことがあります。
ヒロト　毎朝すれ違う名前も知らない女子高生が気になって、授業どころじゃないことがあります。
アカネ　私たちは、ごくフツーの中学3年生です。ごくフツーの毎日を送っています。でも私は、この日起こった出来事を、きっと、一生忘れないと思います。

暗転。全員退場。

◇本編「ある日の放課後」

点灯。誰も居ない教室。

コナミ、サエコ、ユキナ、エミカ入ってくる

コナミ　あ〜、校長先生の話、長かった〜ぁ。
サエコ　ただでさえ全校集会ってだるいのに、校長先生、半分は、飼ってたインコに逃げられた話だったね。
コナミ　しかも、最後のほうちょっと泣いてたよね。
ユキナ　オカメインコのピーちゃんね。もう3年も捜してるんだよね。
エミカ　なんとかして見つけてあげたいな〜。

コナミ　ユキナとエミカって、校長先生のピーちゃんを探す協力してるんでしょ？　ボランティアで。
エミカ　うん、卒業までに見つけてあげたいと思って、今日も残ってちょっと作業するんだ。
コナミ　やさしーねー。

ユキナとエミカ、手作りポスターを広げて作業を始める。コナミとサエコ、それを見ている。
ヒロトとヨウジ、入ってくる。ヒロトは風邪。箱ティッシュを常備し鼻をかみしょっちゅうクシャミをする。

ヒロト　ヘックショイ！（クシャミ）
ヨウジ　あ〜やっと帰れる〜。
ヒロト　あ〜体育館寒かった〜。ヨウジ、今日何時に待ち合わせしてんの？
ヨウジ　5時だよ。5時に県営球場！「楽天」対「日ハム」！※1
ヒロト　いいよなあ〜、兄ちゃんが野球連れてってくれるなんて。オレの姉ちゃんなんて二人とも超ケチだからな。
ヨウジ　なんか、今日も田中マー君がやってくれる気がするんだよね〜。
ヒロト　ヘッ、ブション!!（クシャミ）
ヨウジ　おい、ヒロト。（ヒロトをにらむ）

ヒロト、「わりィわりィ」的に。
リツコとアカネ、入ってくる。

リツコ　アカネ、ティックトックのアレ、また振付アップされてたよね。※2
アカネ　見た見た！　でも難しくて絶対無理。
リツコ　ね！　手とかさ、どうなってんの？
アカネ　こう？　こう？（振付を二人で）

ソウタ、入ってくる。不機嫌な様子で席につき、帰り支度。
カナメ、入ってくる。持っているプリントを配るようリツコに。

カナメ　リツコ、これ。（皆に）あ、プリント配りまーす。
ヨウジ　それもらったら帰っていい？
カナメ　いいよ。

ヨウジ　イェ〜イ♪

リツコ、プリントを分ける、配るなど作業。
ユキナとエミカ、ポスターのイラストに色を塗っている。

アカネ　エミカ、これ（ポスター数十枚）全部に色塗るの？
エミカ　そうだよ。
アカネ　校長先生にピーちゃんの写真借りて、コピーしたほうが良くない？　手書きってどうかなぁ？
コナミ　これ配るの？
エミカ　校内に貼るの。
ユキナ　ピーちゃん、校長室の窓から逃げたって言ってるから、もしかしたら学校に戻ってくる可能性もあるのかなと思って。
サエコ　迷い鳥が戻ってくる確率って、かなり低いらしいよ。数日以内に戻ってこない場合は、戻るのはほとんど奇跡。校長先生のピーちゃんって、もうかれこれ3年経っているから、まずは……最初の冬を越せたかどうかだよね。（メモを見ながら）ちなみにインコとかオウムを飼う場合には、自宅の住所を話せるようにさせとくのが裏ワザだって。
ユキナ　サエコちゃん、それもっと早く校長先生に教えてあげて欲しかったよ。
ヒロト　ヘッ！クショイ！（クシャミ、鼻をかむ）

ヒロト、ティシュを捨てに戸口のゴミ箱へ。
骨格標本が入ってくる。マスミが抱えている。

ヒロト　おおぉ！
マスミ　おぉ。
ヒロト　ありえないだろ！　コレが入ってくるって！
頼むよ〜。
ヨウジ　理科室のガイコツ様じゃん。マスミ、それどうすんの？
マスミ　理科の丹野先生、盲腸で入院したじゃん？　それで、これを病室に届けるように丹野先生に頼まれた。
アカネ　病室に？　それを？
マスミ　なんか、「寂しいから」って……。
ソウタ　盲腸の入院なんて一週間くらいだろ？　なんでわざわざそんなもの病室に持ち込むんだよ。
マスミ　なんか、片時も離れたくないらしいよ。
ソウタ　わがままますぎるだろ。

エミカ　丹野先生、このガイコツ様だけが心の友なんだよね。
ユキナ　どうやって運ぶの？
マスミ　どうしようかと思って。これかかえて病院行くなんてキツイよ。だいたいこれと一緒にバスに乗るなんてさ……運賃二人分取られるかな？
カナメ　や、運賃より何より、ソレとバス乗ってソレと病院入るなんてやばいだろ。
サエコ　断れば良かったのに。
マスミ　できないよ。オレ、理科の教科リーダーだし……丹野先生半泣きだったし……。
コナミ　やさしーねー、マスミは。
アカネ　せめてそれが入るくらいのダンボール箱とか。
マスミ　探したけど、こんなデカイの無いんだよ。
サエコ　一回分解して小さい箱に詰めるのは？
マスミ　そっか！　それいいね！
カナメ　いや、なんかそれはどうだろう？　丹野先生的に。心の友なんだろ？
リツコ　おんぶ紐？みたいなやつでおんぶして走ったら？
エミカ　人目が気にならない？

ヨウジ　ダッシュすればいいじゃん！　ほら、うちには長距離ランナーもいることだし！（賞状を指さして）なんたって陸上大会新記録だぜ？　カシワギソウタ殿って！　な、ソウタ！（ソウタの肩をポン）

ソウタ、うざったそうに払いのけて首を振る
コナミ、ヨウジをつついてたしなめる。
ヨウジ、「あ、やべ」的なリアクション。
全員、ちょっと気まずい空気に。

カナメ　あ、今配ったプリント、こっちは明日提出ね。誰かカズマに届けられる？
ヨウジ　あ、オレ無理～。ナイター行くから♪　じゃね～。（野球帽をかぶって出口へ）
コナミ　ねぇ、カナメ、さっきの集会で出たあの話。

ヨウジ、「あぁ！」と足を止める。そして戻る。

コナミ　市立図書館から本を持ちだそうとした人がいるって。あれ、カズマのことなの？
ヨウジ　そうそう。図書館から電話来たんだろ？

リツコ　なんか、皆色々言ってるよね。ホントなのかな？

アカネ　大げさじゃない？　盗んだわけじゃないし。結果的には別に持ちだされたわけじゃないんだし。

ソウタ　貸出手続きしないで本を持ちだしたら盗難と同じなんだよ。今回はギリギリ「盗難未遂」だけど。

リツコ　うっかり、手続きを忘れたのかもしれないじゃない。

ヨウジ　でもさ、玄関で本を落として、守衛さんに声をかけられたら走って逃げたらしいじゃん。ちょっと確信犯だよな……。

コナミ　カナメ、そうなの？　それホントにカズマだったの？

カナメ　（首をかしげながら頷いて）あくまで、カズマだったんじゃないか？って疑いだよ。市立図書館じゃ、最近書籍の盗難が相次いでるらしくて、で、今回、カズマらしき人物が貸出処理してない本を持ちだそうとしたってことで、学校に電話が来たらしい。

アカネ　なんかまるで、今までの持ち出しの全部がカズマ君のしわざみたいに聞こえる。

サエコ　（メモを見ながら）あ、ちょっと違うから、正確に言うね。閉館間際に図書館を出ようとした男子生徒がいて、表玄関で守衛さんとぶつかった。その時、その生徒が本を落としたので、守衛さんが声をかけたところ、その生徒はそのまま走り去った。後でその本を調べてみたら、貸出手続きがされていない本だった。ということとみたい。

コナミ　それがカズマだったたって言う証拠は？

カナメ　カズマ本人は否定してるんだよ。確かにその日、図書館にはいたけど、もちろん本を持ちだしてなんかいないし、守衛さんともぶつかっていない、って言ってるって。でも、守衛さんの話では、逃げた学生は、学ランの上に派手なオレンジ色のジャンパーを着ていたそうで、そこで、職員が思い当たったのが、一番奥の席で閉館ギリギリまで居眠りしてたカズマだった、というわけ。

ヨウジ　あのジャンパーかぁ～超オレンジの……。

マスミ　たしかに、カズマ、オレンジのヤツ着てるよね。

サエコ、（メモを片手に）図書館の見取り図をホワイトボードに書いている。

リツコ　あの図書館さ、今どきバーコードをスキャンするヤツじゃなく手書きで貸出処理するんだよね。だから、しょっちゅう本の盗難にあってるんでしょ？

コナミ　あの図書館の職員たち、こっちはフツーに本読んでるだけなのにすっごい疑わしそうにジロジロ見てるよね。

カナメ　あ、コナミ、よく行くの？

コナミ　うん、でもあまりに視線が鋭くて、最近行きづらい。

ユキナ　一人、すっごい怖い職員いるよね、おじさん。私、歩いてたら「足音がうるさい！」って怒鳴られたの。その声のほうがうるさいっつ〜の。マジ館内に響き渡ってたから。

マスミ　そうそう、ちょっと話しただけでも怒鳴るんだよ、「読書しないなら帰れ！」って。

ヨウジ　前に、先輩が「そんなに騒いでません」って言い返したんだよ、そしたら「最近の中学生は怖いからな、何考えてんのかわかんないしな」とか言われたんだぜ？

リツコ　嫌なオトナ。

コナミ　きっと子どもが嫌いなんだよ、若者全員を疑ってるんだよ。

ユキナ　はぁぁ……（ため息）なんかショック。カズマ君なんでそんなことしたんだろう。

アカネ　でも、カズマ君はやっていないって言ってるんでしょ？

カナメ　（頷く）「神に誓ってやってない」って。カズマの証言では、その日は、一番奥の席で雑誌を読んでいて居眠りしちゃって、閉館音楽が流れたから目が覚めて、慌てて雑誌を返して図書館を出た、って。でもどうしてもトイレに行きたくて帰りにトイレに寄ったらしい。だから、もう表玄関は閉められちゃっただろうと判断して、トイレから直で裏玄関に行って「裏」から出たって言ってる。だから守衛さんにも会ってないって。

コナミ　あ〜、表玄関の鍵しめんの、超早いんだよね。閉館音楽鳴り終わる前に締めることあるし。

ユキナ　うん、私も閉められちゃったから裏から帰ったことある。

ヨウジ　ちなみに、その盗まれそうになった本はなんて本？

カナメ　タイトルは……忘れたけど、なんか天文書みたいだよ。星とか宇宙とかの。

サエコ　（メモを見ながら）「太陽系の彼方」だって。ハコイシ出版の。

ヨウジ　カズマそんなの読むかな？

ソウタ　なんでも良かったんじゃねぇの？　万引きする奴と一緒で。

コナミ　（黒板を見て）ってか、サエコ、すごい。それ図書館じゃん。

カナメ　おぉ、わかりやす！

リツコ　カズマが座ってたのってこの辺？（指さし）

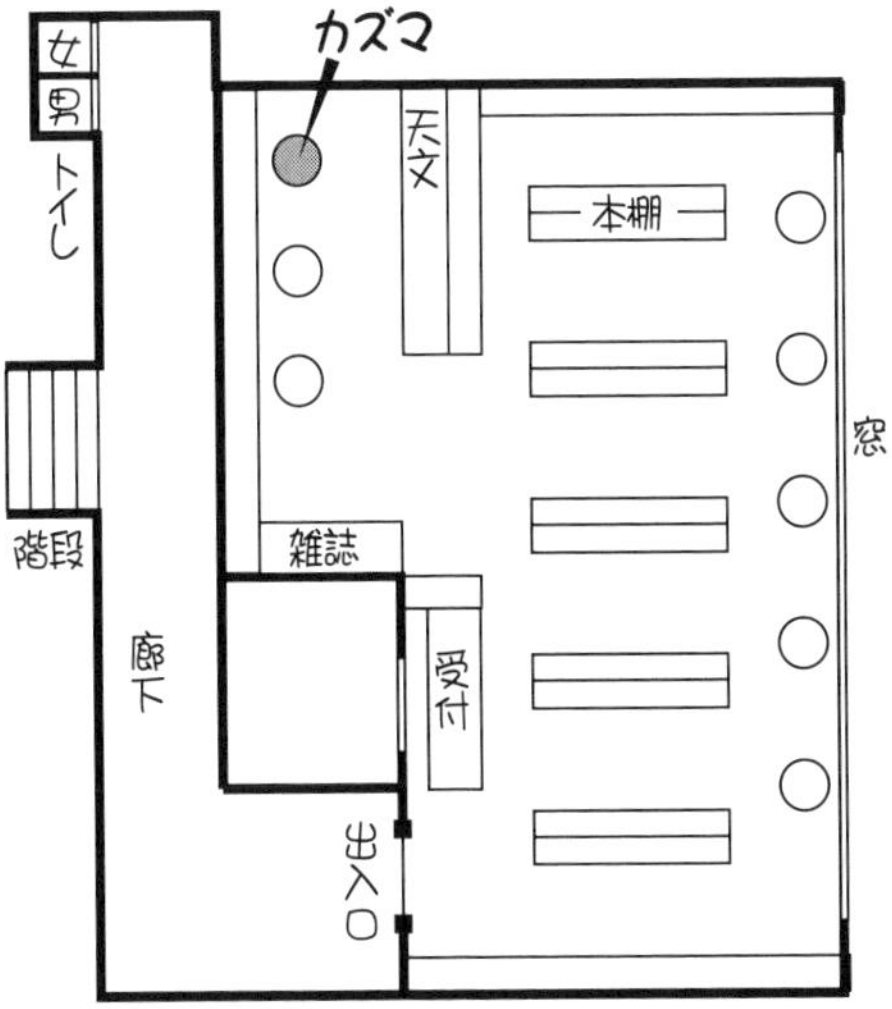

サエコ　（頷いて）たしかに、カズマがいた奥のテーブルの近くに、ここに、天文書の本棚があるんだよね。ここはカウンターからは死角になっているし。

ソウタ　見えないから盗りやすかったんじゃねぇの？

アカネ　じゃあ、カズマ君はその天文書をカバンに入れておいて、更に雑誌を借りて読みながら居眠りしてたってことになるよね？　そんなことをしといて居眠りするかな？

マスミ　フツー、すぐ帰ろうとするよね。

ヒロト　帰り際に盗んだのかもしれないね。

ヨウジ　いや、それじゃバレバレだろ。あ（時間）ヤベ。帰んなきゃ。じゃね～。

コナミ　あ～！　私やっぱダメ。カズマが「とる」とか「盗む」とかどうしてもピンとこない。

　ヨウジ、応援グッズを身に着け今度こそ出ていこうとする。

カナメ　じゃ、「カズマはやってない」と思う人？

　ヨウジ、気になり、足を止めて戻る。

コナミ、アカネ、リツコ、手を上げる。サエコは考えこんでいる。
カナメ、数える。

カナメ　「やってる」と思う人？
ソウタ、ヨウジ、ヒロト、ユキナ、エミカ、カナメが手を挙げる。マスミは上げたり下げたり。

カナメ　3対……6？　ん？　7？
ソウタ　マスミ、それはどっちなんだよ？
マスミ　やってないといいな、と思うけど……図書館から連絡きたわけだし、先生もそう言ってたし……。でもオレ見てないからなんとも言えない……。
エミカ　うっかり忘れたのかもしれないしね。
マスミ　うん、そうだよ。貸出手続きをうっかり忘れて、その時たまたま急いでたから走って帰ったのか／も……
ソウタ　そっちのほうがこじつけだよ。
コナミ　私はカズマを信じるな。カズマは本をカバンに入れてないし守衛さんともぶつかってないって。だってカズマだよ？　超真面目だし頭いいし。
ソウタ　なんだよそれ。世の中、真面目な奴も魔が差すし、優秀な奴も事件を起こしまくってるじゃないか。そういうヤツほど危ないんだよ。
ヨウジ　野球でも、マジメなプレイヤーほどスランプにおちいるしな。（ユニフォームなど身につける）
カナメ　真実は本人にしかわかんないか。
コナミ　その本人が「やってない」って言ってんだよ？
エミカ　それが本当かどうかはどうやったらわかるんだろ？
ユキナ　私たちが知ってる普段のカズマ君から想像するしかないのかな……。
リツコ　ん～、例えばさ、カズマなら、たとえ、たとえだよ？　魔が差して本を入れたとしても、見つかったらそこで謝る気がしない？
マスミ　オレも……やっぱり、なんかカズマと悪いことって結びつかないよ。ソウタたちはなんでカズマを信じないのさ？
ソウタ　じゃあ、なんで昨日今日とカズマは休んでんだよ？　やましいものがあるからだろ？　潔白なら皆の前で本当のことを話せばいいじゃないか。

カナメ　たしかに、やってないならできるよな……。
ソウタ　そうだろ？
アカネ　ショックだったんじゃないかな？　最初に疑われたり信じてもらえなかったことが。噂が広まっちゃって、皆にどう思われてるか不安だろうし……。
コナミ　繊細なトコあるしね。
ヨウジ　まぁ、そういうこともあるよな。オレ、自分のエラーで試合負けた時、次の日学校ズル休みしちゃったもん。別に悪くないのに、なんか責められそうな気がしたり、逆に、周りに気を遣われそうな気もしたり、それで面倒になっちゃうんだよね。あ（時間）マジ、ヤベ！　行くわ！　じゃ！
ヒロト　あ！　それある！　ソウタも休んだじゃん！　先月の駅伝大会の後！

ヨウジ、出ていこうとするも、ヒロトの発言で足を止めて戻る。
皆、気まずく固まる。

ヒロト　あれは休む気持ちもわかるよ！（悪気なく）年に一度の駅伝大会！　ウチの中学は４区まで北中とトップ争いをしていたところで！　５区のソウタが途中でまさかの肉離れ！　アンカーのカズマにタスキを繋げず、あえなくウチの中学は棄権に終わった……。俺たちの夏は終わった！って思ったよな～。でもカズマは恨み事一つ言わなかったよな。オレめちゃくちゃ感動したもん。いや～、駅伝ってドラマだよな（悪気なく感動）カズマはさすが陸上部部長だよな。

皆、気まずい空気に。

ソウタ　……そうなんだよ！　ドラマだよな、まさかの肉離れ。オレのせいで棄権！……ありえなかったよな。なのに、カズマはさ、「実はオレも調子悪かったたから、走ってたらオレもゴールできなかった気がする」って、そう言ったんだぜ、オレに。
コナミ　優しいね……カズマは。
ソウタ　……（頷いて）……そうだな。（裏腹に）
ヒロト　あ、もしかしたらカズマ、あの駅伝の悔しさからヤケになってこんなことをしちゃっ／たとか……

コナミ、ヒロトを箱ティッシュで叩く。

コナミ　ヒロト、ティッシュ空っぽだよ？
ヒロト　あ、持ってこよ。

ヒロト、出て行く。教室の戸口で派手に転ぶ。

ヒロト　うわぁぁ！
リツコ　大丈夫？
ヒロト　誰だよ！　廊下に落花生まいたの！
カナメ　落花生？
ソウタ　なんで？
ユキナ　あ、ごめん！
ヒロト　どんなトラップだよ！　頼むよ～。（出ていく）
エミカ　ごめん！　私たち……（挙手して立ち上がる）

エミカとユキナ、立ち上がる。

エミカ　あの。ちょっといいですか？　話ちょっと変わるんだけど、私たち、校長先生のインコを捜していて……。
リツコ　オカメインコのピーちゃんだよね？
エミカ　ピーちゃんの好きだったピーナッツをあちこちに仕掛けてあるんだけど、よかったら、家に使わないピーナッツがある人はぜひ寄付をお願いします。
ソウタ　使わないピーナッツってなんだよ！
マスミ　あ！　あるよ！　はい、給食の残りだけど。
（バッグから小魚アーモンドを出し、エミカに渡す）
ヨウジ　マスミ、それ給食の小魚アーモンドじゃん。
マスミ　あげるよ、使って。
カナメ　いや、同じナッツ系ではあるけれど……。
エミカ　いいの？
ユキナ　ありがとう！
コナミ　あ、それでよければ私もあるよ。
エミカ　コナミちゃん！　いいの？
アカネ　あ、私も。
エミカ　アカネちゃん！
カナメ　なんで皆、小魚アーモンドは取っておくんだよ。
エミカ　皆、本当に協力ありがとう。きっとピーちゃん、見つけてみせるから！
ユキナ　皆の小魚アーモンド、絶対無駄にしないから！

皆、なんとなく拍手。

エミカ、ユキナ、集めた小魚アーモンドを紙袋に入れて、窓際など見える所に置く。

ヒロト、箱ティッシュの大きなダンボールを持ってくる。

ヒロト あ～ついにラストのティッシュ使い切ったよ。

ヨウジ ヒロト、どんだけ鼻かんだんだよ！

ヒロト この箱、どうやって捨てようかな？

カナメ おい、マスミ！ このダンボール、ガイコツ様入るかも！

マスミ あぁ！

マスミ、何人かに手伝ってもらいながら骨格標本を納める。

皆 ☆おお～～～！

カナメ ジャストサイズ！

マスミ これでなんとか運べるよ！ ヒロト、サンキューな！

ヨウジ ホントごくたまにだけど、役に立つこともあるんだな！

ヒロト それほどでもねぇよ。(照れる)

皆、拍手。

サエコ (考え込みながら) カズマは「神に誓ってやってない」って言ってる……。

サエコ、メモを見たりしながら考え込む。

コナミ ねぇ、カズマじゃない他の誰かだった、ってことはありえないのかな？ この辺の中学も高校もほとんどが男子生徒は学ランだよ？ 守衛さん、顔までは覚えてないでしょ？

カナメ でも、「学ランの上にオレンジ色のジャンパーを着てた」って言ってるし。

ヨウジ ☆あのジャンパーかぁぁ……。

マスミ ☆あのジャンパーかぁぁ……。

コナミ ☆あのジャンパーかぁぁ……。

アカネ 二人と着ないようなありえないジャンパーだもんね。

ヨウジ やっぱ、カズマか……。

マスミ　やっぱ、やってるのかな……。
ソウタ　だから、間違いないんだよ。
教室のゴミ箱がいっぱいになっている。
ヒロト　うわ、ゴミ箱いっぱいじゃん。捨ててくる。
ヒロト、出て行く。
サエコ、これまでの間ずっと考え込んでいる。
サエコ　あ〜……ちょっと〜お話し中、よろしいですかぁ……皆さん……(眉間に指を当てて、ここからしばらく古畑任三郎のマネで)
♪「古畑任三郎」のテーマ音楽♪
マスミ　古畑さんだ！　古畑任三郎だ！
サエコ　んっふ〜……えぇ〜……検証、してみませんか？
リツコ　検証？
サエコ　再現してみるんです、私たちで。あ〜…図書館の閉館の音楽……何だっけ？　イマイズミ君(アカネに振る)。
アカネ　(私？)イマイズミ？　あ、あの「♪と〜ぉき〜、や〜まに〜♪」ってヤツ！です！
サエコ　(メモ帳を見ながら)そう、その閉館音楽が流れるのは5時59分から6時までのジャスト1分間なんです。唯一の目撃者である守衛さんの証言では「閉館音楽が鳴っている最中に、走ってきた男子生徒とぶつかった」と言っています。つまり、カズマが守衛さんとホントにぶつかったのだとしたら、カズマは、閉館音楽が鳴り始めて居眠りから目覚めて、雑誌を棚に戻し、図書室を出て、男子トイレで用を足し、階段を降りて表玄関へ向かう、これを正味1分間でおこなっていなければならない。こういうことになります。
ソウタ　別に、1分あればできるだろう。
カナメ　まぁ不可能ではない気はするけどな……。
リツコ　でもさ、途中トイレにもよってるし、ちょっと厳しくない？
ヨウジ　超高速で「シャ──ッ」って出したらわかんないよ。
サエコ　だから、検証してみましょう、と言ってるんです！

ソウタ　くだらないよ。大体、カズマのトイレのタイムをどうやって再現するんだよ。そんな都合よく今トイレ行きたいヤツなんているわけ／な……

ヒロト、空になったゴミ箱を抱えて小走りで入ってくる。

ヒロト　あ～超トイレ行きて～！　もれそう!!
マスミ　いた!!!
ヒロト　ちょっとトイレ行ってくる！
カナメ　ヒロト、まった！
ヒロト　なんで!?（もれそう）

コナミ、アカネ、逃げようとするヒロトを捕まえる。

ヒロト　いや、何？　なんで？　もれそうなんだけど？
サエコ　（リツコに）イマイズミ君、書いて。

リツコ、（私？）サエコの言う順に距離を書き込む。

サエコ　カズマが座っていた図書館の一番奥のテーブルから、雑誌の棚まではおよそ……（メモ帳を見ながら）10メートル。その棚から、図書室の受付前を通って出口までも10メートル、出口から男子トイレまで……ここが意外と遠くて20メートル。男子トイレから階段まで8メートル。階段を降りて表玄関は目の前。合計で？
アカネ　48メートルちょっと。

リツコ、ホワイトボードの見取り図に距離を書きこむ。

マスミ　そのメモ帳すげぇ。
ヒロト　ねぇこの話、長くなる？（もれそう）
サエコ　この教室が（前から後ろまで）およそ8メートル。

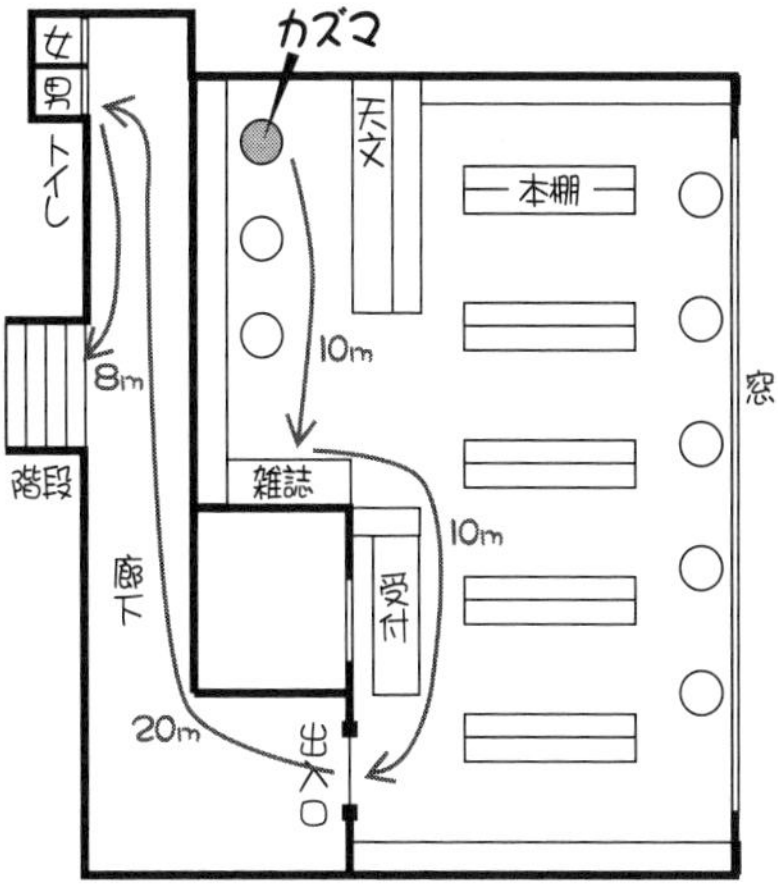

つまり、この教室を……2往復半してから、廊下に出てトイレに入って、用を足し、ここに戻ってきたら、ほぼ同じ距離、48メートルちょっとです。

コナミ　だいたい同じ距離だ。

サエコ　このさい階段のハンデはないものとしましょう。これが1分以内で可能だったら、守衛さんの証言も立証される可能性が出てきます。

カナメ　☆おお！

ヨウジ　☆おお！

マスミ　☆おお！すっげ！　古畑さんだ！　古畑任三郎がいる！

ヒロト　ああもうコレに（ゴミ箱に）していい？

カナメ　やれ、ヒロト！

ヒロト　いいの？（ゴミ箱に？）

ヨウジ　（音良く何かで叩いて）聞けよ、話を！

サエコ、ヒロトを一番端の席に座らせる。

ヒロト　？？？？

サエコ　（ヒロトに）今から全速力でこの教室を2往復半してから、トイレに行って、用をたして、ここに戻ってきてください。その際、トイレで絶対「大」のほうはしないでください。

ヒロト　その2往復半って何!?　必要!?

アカネ　そこが一番大事なの！

ヨウジ　いいか？　ダッシュでだぞ！

ヒロト　だから、なんで？

カナメ　説明すると長くなるけどいいか？

ヒロト　ダメダメダメダメ！

サエコ　誰かストップウォッチ持ってませんか？

ユキナ　私、（腕時計の）秒針見てようか？

ソウタ　あるよ、ストップウォッチ。

ソウタ、カバンからストップウォッチを出す。

カナメ　☆おお！

マスミ　☆おお！

ヨウジ　☆おお！　さすが、陸上部！

ソウタ、ストップウォッチをリツコに渡す。

サエコ　（ヒロトに）まず、居眠りから目覚めて教室を2

往復半ダッシュです。

ヒロト　（ウンウンウンウン。激しく頷く）

サエコ　用意、スタート！

ヒロト、机に突っ伏していてパッと立ち上がり、教室をダッシュで往復し、2往復半で教室を飛び出す。サエコ、往復の回数を数え、2往復半目でヒロトを外に促す。

アカネ　☆♪とーおきーやーまにーひーはおちーてー♪

コナミ　♪とーおきーやーまにーひはおちてー……

♪？？フーンフフーン……♪？？

アカネとコナミ、途中から歌詞がわからず適当に口ずさむ。大体1分で。

リツコ　（歌い終わりで）1分！

全員、一斉に戸口を見る。……見続ける。……まだ見続ける。

ヒロト、しばらくして息切れして飛び込んでくる。

ヒロト　だぁあ‼　はぁはぁはぁ……。

リツコ　2分8秒14。

皆、驚き顔を見合わせる。数人「え？」「マジ？」「全然だめじゃん」というような声。

ヒロト　うわぁ！　手を、手を洗いわすれたぁぁ！

ヒロト、再び教室を出る。

ヨウジ　全然……間に合わなかったな。

ソウタ　ヒロト、ホントにダッシュしたのかよ？

カナメ　しただろ、あの様子じゃ。

マスミ　え？　て、ことは……。

コナミ　守衛さんが嘘をついてる、ってことだ。

サエコ　「嘘」とまでは言えないけど、少なくとも、閉館音楽の最中にカズマとぶつかるのは難しいですね。カズマの証言の「守衛さんとは会ってない」……そのほうが信憑性があります。

コナミ　ということは……（考えるポーズ）

♪「名探偵コナン」のテーマ音楽♪

マスミ まさか？
コナミ 真犯人は他にいる！（ポーズ）真実はいつもひとつ！
マスミ やっぱり！
コナミ 体はコドモ！　頭脳もコドモ！
カナメ それはただのコドモだろう！
コナミ 名探偵！　コナミ！（ポーズ）
マスミ おしい！　名前ちょっとおしかった！
ヨウジ じゃあ、守衛さんは誰とぶつかったんだよ？「オレンジのジャンパーを着ていた」って言ってたんだろ？
ソウタ そうだよ。あれだけは見間違えないよ、あんな目立つジャンパーだぜ？　それが動かぬ証拠だよ。
アカネ そうだよね……。
エミカ たしかに、インパクトあるし、そうそうないよね、あんなショッキングなオレンジ色のジャンパー……。

ヒロト、目が覚めるようなオレンジ色のジャンパーを着て手を拭きながら入ってくる。

ヒロト あ〜寒。（座ってプリントを眺める）あ、西校舎って来月から工事なんだ……。

全員、ヒロトを驚愕の凝視。

カナメ おい、ヒロト、そのジャンパー!!
ヒロト 何？　え？　何？　何？
ヨウジ ……どうした？　それ？
リツコ ……それ誰の……？
ヒロト 誰って、オレのに決まってんじゃん。
アカネ 嘘でしょ……カズマ君のとまったくおんなじ……。
ソウタ それ、どこで……。
ヒロト おお、今ならライトオンで千円だよ？　え？　何？　ほしいの？　多分、まだ売ってると思うよ？
カナメ まさかのセール品……。
ヒロト 今ジャンパーの話？　これ、超ピンクと超キミドリもあって、2組のシンタロウがピンク持ってるよ。

マスミ　しかもなんかちょっとハヤってる……。
リツコ　ってことは……このオレンジのジャンパーは全然珍しいモノじゃないってことだ。ライトオンで大量に販売されているセール品。つまり……／

♪「金田一少年の事件簿」のテーマ音楽♪

マスミ　まさか？
リツコ　謎はすべてとけた！(ポーズ)ジッチャンの名にかけて！(ポーズ)
マスミ　で～～た～～～！
カナメ　リツコん家のジイちゃんリンゴ農家じゃん！
リツコ　守衛さんがぶつかったオレンジのジャンパーを着た犯人は、偶然カズマと同じジャンパーを着ていた別の生徒なんだよ！
ヒロト　え～カズマもこのジャンパーなの？　うわ……おそろいかぁ……(ショック)。
カナメ　ヒロト、頼むから少しは話題を共有しろよ！
ヨウジ　ってか、ちょっと待て！ヒロト、おまえ一昨日の夕方どこにいた？　市立図書館じゃないだろうな？
ヒロト　一昨日？
コナミ　そう！　まさかヒロト、やってないでしょうね？
ユキナ　ヒロト君って、一昨日のこととか覚えてるのかな？
エミカ　もしやってても悪気はなさそうだしね……。
カナメ　なんでだろ？　相手がヒロトになると皆気持ちよく疑うのは……。
ヒロト　一昨日は、ヨウジといたじゃん！　一緒に野球部の練習試合観に行ったじゃん！
ヨウジ　あ、そか。わりィ。(笑)
リツコ　ってことは……やっぱり……。
アカネ　犯人は他の誰かなんじゃない？
コナミ　カズマ、やっぱ、やってないんだよ。
サエコ　1分で表玄関へたどり着くのもまず不可能。オレンジのジャンパーも、カズマと特定するには証拠として不十分。その上で「やってない。守衛さんとも会っていない」って言ってるカズマが犯人だとは、もう断定はできない。
エミカ　やってみるもんだね……検証って……。

皆頷く。

カナメ　カズマは「やってない」と思う人？

　コナミ、アカネ、リツコ、ヒロト、ユキナ、エミカ、サエコ、手を上げる。
　カナメ、自分も含めて数える。
　マスミ、ずっと上げたり下げたり。

カナメ　じゃあ、カズマは「やってる」と思う人？

　ソウタ、ヨウジ挙手。
　マスミ、上げたり下げたり。

カナメ　8対……2？　ん？　3？
ソウタ　マスミ、オマエまたそれかよ。
マスミ　だって……わかんないよ、オレ、カズマじゃないし……守衛さんでもないし……。だって、カズマじゃないってことは、同じその日にたまたまそのオレンジのジャンパーを着てた他の誰かが図書館にいて、その人とカズマがなぜか間違われたってことでしょ？　そんなことあるかな……？
ソウタ　だったら！　オマエはこっちだろうが！
ヨウジ　うん。それは、「カズマはやってるかも」って思ってるってことなんだぞ？
マスミ　違うよ。カズマは「神に誓ってやってない」って言ってるんだもん。オレもそう思うよ。
ソウタ　だからそれはオマエの願望だろ？
マスミ　願望……って言うのかな？　オレは、カズマがやってないって確信を持ちたいだけだよ。ソウタたちはそんなにカズマが盗んだことにしたいの？
ソウタ　そういうわけじゃないよ。ただ、オレンジのジャンパーが二人も図書館にいる確率を考えて言ってるんだよ。じゃあさ、逆に、逆に！　二人いたと仮定しよう。あんなに目立つジャンパーが二人もいたら、かえって意識するだろ？「今日、オレンジ二人もいる！」って。図書館職員も守衛さんもそうとうインパクトあったはずだぜ？　二人いたことがわかってたら、カズマに特定してウチの学校に電話なんかかけてくるか？　フツー。
マスミ　……。
カナメ　……まぁそうかもな……。
ソウタ　だろ？　自然に考えようよ。
アカネ　でも待って！　逆に、逆に！……ありえないくらい派手だからこそ、勘違いする……ってないかな？
……うまく言えないんだけど……。
ソウタ　なんだよそれ。
アカネ　だから、うまくは言えないんだけど。…守衛さんもチラッと見ただけだろうし……館内ではジャンパーは脱いでいたと思うし……。なんだろ？　ん〜……この辺まで（喉のあたり）出かかってるんだけどうまく言えない……。
ソウタ　（あきれて鼻で笑い溜息）そんなに話を面白くしたいわけ？　小説家にでもなれば？
アカネ　そんな、面白くしたいとかじゃないよ。
マスミ　そうだよ、本当のことが知りたいだけだよ。ちゃんと考えたいだけだよ。
ソウタ　（開き直ったように）そうだな、あの守衛さん、すげぇジーサンだもんな。シルバー人材センターから派遣されて来てるんだろ？　70代か80代か知らないけど。あんなジーサンだもんな、ジャンパーの色なんかちゃんと見えてなかったかもな。中学生かどうか判断できたかも怪しいよな。もう、男か女かすらわかってなかったかもな！　なんなら、これ全〜部、あのジーサンの夢かなんかの話かもな！
全員　……。
ヨウジ　おい！　お年寄りの事をそんな言い方するなよ。俺のばあちゃん80歳だけどピンピンしてるよ。目も会話も記憶力もはっきりしてるし、チャリだって乗るよ。
ソウタ　今だけだろ。そのうちヨウジと兄ちゃんを間違えたりするよ。
コナミ　ソウタ。
ヨウジ　……。

ヨウジ、教室を出る。
リツコ、パソコンを見ている。

カナメ　確かに、守衛さんはご年配ではある……。
ユキナ　でも、ジャンパーの色くらいは覚えていそうだよね。
リツコ　あ、市立図書館のホームページあった。スタッフの挨拶も載ってるよ、写真はないけど……。守衛、小笠原福蔵さん74歳。「人生百年、まだまだひよっこです。皆様の安全な図書館利用に尽力いたします。」
サエコ　今年の市のシルバー人材センターの登録者数は

過去最多です。ちなみに、登録者の最高齢は94歳だそうです。
コナミ　94歳で働くのかぁ～。

ソウタ、パソコンを見ている。
ヨウジ、ピンク色のジャンパーを着て入ってきてソウタの後ろに立っている。
ソウタ以外、ヨウジに注目する。

ソウタ　（ヨウジを見て）なぁヒロト、図書館の自転車置き場って昔こっちだったよな？（再度ヨウジを見る）ヒロトさぁ、前にオレとさ……（？　二度見で驚く）
ソウタ　！　おぉ……ヨウジか……。
ヨウジ　……「ヒロト」じゃないよ。
全員　……。
ヨウジ　二回、間違えた。

全員、絶句。

ソウタ　それ……（ジャンパー）。
ヨウジ　二組のシンタロウのだよ。
ソウタ　……。
アカネ　ソウタ君、結構ハッキリ間違えたよ？
ソウタ　……や、今、パソコン見てたから……。
コナミ　色も違うんだよ？
ソウタ　チラ見だからだよ。派手なジャンパーが見えたからヒロトだと思っただけだよ。こんな色、二人もいるはずがないって思うだろ。
ヨウジ　守衛さんだってそうだったかもしれないんだよ！
ソウタ　！……。
ユキナ　私も最初ヒロト君だと思った……。
エミカ　私もだよ……。
ヒロト　オレそんなダサい色着ねぇよ。
サエコ　人は、インパクトがある外見を見ると、その本質を見ようとしない……。
リツコ　一度、派手なジャンパーを見たら、まさかそれが二人いるなんて思わない……ってことか。
サエコ　思い込み。先入観だよね。
アカネ　先入観！
サエコ　守衛さんも、図書館職員も、オレンジ色は一人だけだと認識した……。

コナミ　これって……カズマ、やってないよね……？
アカネ　カズマ君じゃなかったんだよ……。
マスミ　そうだよ……そうなんだ。やっぱり、カズマと似たジャンパーの誰かが本を落としたんだ……。
リツコ　他の誰かだね……。
ユキナ　私、はじめはカズマ君はやったんだって思ってた。なんかさ、オトナから言われるとすぐ信じちゃうんだよね……。
エミカ　私も。
ヒロト　ま、オレはカズマを信じてたよ。
リツコ　ちょっと疑ってたくせに。
サエコ　皆で、考えてみて良かったね……。
カナメ　じゃあ……カズマは「やってない」と思うひ／と……
ソウタ　そんなの必要ないよ！

ソウタ以外、全員沈黙。

ソウタ　何なんだよ、この推理ごっこは。こんなの何になるんだよ。全部憶測だろ？　そもそもカズマが全部嘘をついてるかもしれないじゃん。トイレに行ってないかもしれないし、守衛さんとぶつかってるかもしれないじゃん。カズマが普段真面目だからって、優秀だからって関係ないだろ。カズマは、本を盗もうとしたんだよ、いいじゃないか、それで。いや、よくはないけどさ。図書館から電話がきたんだろ？「そちらの生徒さんが書籍を、不正に持ちだそうとしたようです」って。そしたらさ、「あ、そうなんだ、良くないな」って流せばいいじゃん、フツーに。

皆、黙る。

ソウタ　大体くだらないよ。こんな推理ドラマの真似みたいなこと。マスミ、おまえちょっと流されやすすぎるよ、いつもそうじゃん、皆の意見にフラフラして。だから、こんな（骨格標本）仕事も引き受けてさ。
マスミ　流されてないよ。
ソウタ　流されてんだよ！　オマエには自分の意見とか主張とかないのか／よ……
マスミ　流されたんじゃないよ。いつもはそういうとこあるけど、今日はちゃんと考えたよ。

皆、ソウタを見つめる。

ソウタ　皆もさ、別にいいんだよ、クラスメートだからって無理に友情ごっこみたいなことしなくても。ジャンパーの話だってさ、千円で売ってるからなんだよ。こんな派手なの着てんのカズマとヒロトくらいだよ。先入観？　あんなのインチキじゃないかよ。そうだ、何が「1分じゃ玄関まで行けない」だよ？　カズマは陸上部のエースだぜ？　1分あったら図書館出られるよ？　オレだって出られるよ？　あ、もう1回やってみろよ、今度はオレが走ってやるからさ。（上着を脱ぐ）じゃあさ、リツコもう一回タイムとってよ、オレこっからまた走／（内ポケットからタスキが落ちる）るからさ……

ソウタ、脱いだ上着の内ポケットから駅伝のタスキが落ちる。皆、タスキに目を留める。

ソウタ、明らかに表情が変わるが、取り繕いながら拾いポケットに（タスキには「駅伝大会」と書かれている）

ソウタ　（徐々に苦し紛れに）カズマは盗もうとしたんだよ、カズマにもそういうトコあってもいいだろ？　なんでアイツをそんなにかばうんだよ、なんでカズマならやっ／てな……

カナメ　ソウタ。……誰も、オマエを、責めてないよ。

ソウタ　……。

カナメ　駅伝大会は、もう、終わったんだ。

ソウタ　……。（呆然と立ち尽くす）

ソウタ、突然、壁に貼ってある自分の賞状をはがし舞台中央へ。

ソウタ　こんな……こんなもの！何が「新記録」だよ！こんなもの！（破こうとする）

女子　☆やめて！　☆ダメ！

男子　☆ソウタ、やめろ！　☆何すんだ！（など、各々一斉に叫ぶ）

ソウタ、舞台中央で賞状をビリビリと破きばら撒く。その上に膝から崩れる。タスキを握りしめて泣きだす。しばらく泣いた後、

ソウタ　……カズマに……タスキを渡せなかった……。皆で繋いできたタスキだったのに、オレは、アンカーのカズマにタスキを渡せなかった……。オレのせいで皆の努力が無駄になった。なのに、カズマはいつも優しいし、いっつもヒーローだよ。オレは……どうしようもないヤツだよ……。

皆、ソウタを優しい視線で見つめる。
ソウタ、ゆっくり手を挙げる。

ソウタ　……やってない。カズマはやってないよ、盗みなんてやるわけないよ。カズマがそんなヤツじゃないことはオレが一番知ってるよ！（床を叩いて）オレが、一番……！（泣く）

皆、ソウタを見つめたまま。

カナメ　全員、一致、だな。

皆、納得の顔。

カナメ　これから先生んとこ行って話してくる。これを説明して、もう一度、カズマの話を聞いてもらうように、事実を確認してもらうように、言ってみるよ。
リツコ　私も行くよ。
コナミ　ねぇ、皆で行かない？
ヨウジ　うん、全員で行こうぜ。

皆、頷く。
皆、次々と教室を出ていく。
カナメ、ソウタの肩をポン、誘う素振り。
マスミ、少し立ち止まりソウタを待つが出て行く。
皆、ソウタを残して教室を出て行く。エミカは残る。
エミカ、賞状を拾い集めながら。

エミカ　ソウタ君、高校行っても陸上続ける？
ソウタ　……多分……いや、わかんない。
エミカ　私はね、吹奏楽続けるよ。中学最後は地区大会であっさりダメだったからさ。
ソウタ　……。（エミカを見て涙を拭う）
エミカ　行こう。
ソウタ　うん……。

二人、教室を出る。

暗転

◇エピローグ

薄暗い舞台にアカネ。

アカネ　15歳。思春期。心が波立つ季節。世の中のオトナの皆さん、私たちはどんなふうに見えていますか？　誰も言葉にすることはありませんでしたが、私たちは、この日起こった出来事をきっと一生忘れないと思います。クラス全員で、たった一人の友達のために話し合い、皆で一つの真実を探しだしたこの日のことを。そして、この出来事はきっと、私たちのこれからの長い長い人生を支え続けて行くような気がします。

暗転

点灯

全員、再び教室に入ってくる。

コナミ　良かったね。先生、カズマに電話するって。
リツコ　もう一度ちゃんと話聞いてもらいたいよね。
カナメ　きっとカズマ、明日は学校に来るよ。
ユキナ　ヨウジ君、今日の野球の試合、間に合うの？
ヨウジ　あ、いいよいいよ、ちょっとぐらい遅れてもさ。
ソウタ　カナメ、さっきのプリント、オレがカズマに届けるよ。
カナメ　サンキュー。
ソウタ　ヨウジ、さっきはごめん、ばあちゃんのこと……。
ヨウジ　気にすんな。
エミカ　!?　シッ！　見て！

全員、窓側の一点（袋）を見て固まる。袋がガサガサ動いている。

マスミ　なんかいる！
アカネ　何!?　何!?　あれ!?
リツコ　やだ！　鳥!?　何あの色！
コナミ　オウムじゃない？
サエコ　どっから入ったんだろ？

エミカ　私たちの小魚アーモンドにオウムが！
カナメ　いや、……オウム……じゃない……。
インコ　『チュンチュン、カワイイネ！　カワイイ！
ピーチャンハ　カワイイ！　チュン』

全員、ハッとして、ポスターを見て確認して。

全員　☆ピーちゃんっ‼（叫ぶ）
ユキナ　☆シ〜〜ッ！　シ〜〜〜ッ！
エミカ　☆シ〜〜ッ！　シ〜〜〜ッ！
サエコ　嘘でしょ……。
アカネ　信じられない……。
ヨウジ　☆でか……！
ヒロト　☆でか……！
マスミ　☆でか……！
カナメ　インコって野生化するとあんなにデカくなるんだな。
ソウタ　鳥かご！　貸して、早く！

ユキナ、あわてて鳥かごを渡す。
ソウタ、そっと近寄りインコをピーナッツでおびき寄せる。全員、息を呑んで見守る。
ソウタ、インコを指に乗せる。

ヒロト　やっ／た！（喜ぼうとしてすぐ誰かに口を塞がれる）

コナミ、ヒロトをはたく。
数人「シ――ッ（静かに）」ヒロトに。
ソウタ、インコを慎重に鳥かごに入れる。捕獲成功。

全員　☆やったぁぁぁぁ‼‼（絶叫）

各々「やった〜！」「すげ〜！」「校長先生〜！」「嘘でしょ〜！」など言葉にする。
ハイタッチ、抱き合う、ガッツポーズなど最高の喜び。
♪エンディングテーマ流れ始める。
皆、喜び続ける。

――幕――

※**1**　ご当地球団にさしかえ可。（本作品では上演校が東北だったために楽天イーグルス）
※**2**　生徒の間で流行りの話題にさしかえ可。

上演のてびき

田代 卓

◇『十二人の優しい中学生』

この作品には元になっている作品があります。直接は三谷幸喜作『12人の優しい日本人』という作品です。そしてさらにその元になった作品はレジナルド・ローズ作の『十二人の怒れる男』という60年以上前に作られて今でも人気のある名作です。『十二人の怒れる男』がシリアスなサスペンスものなのに対して、『12人の優しい日本人』の方はそれを元にコメディとしてつくられたものです。どちらも舞台にも映画にもなっているので、映画でも一度見ておくと勉強になると思います。この二つの「原作」の設定は陪審員（現在の日本の裁判員のような制度）たちの話し合いですが、この『12人の優しい中学生』は場所を教室に置き換えて中学生たちが相談し合うという、全く違う話です。作者の野間さんが書いている二つの作品への「オマージュ」というのは、元の作品に対する尊敬の気持ちでヒントを得て書いているということです。どちらかというと『優しい日本人』の方に近いコメディタッチの戯曲ですが、コメディというよりはほのぼのとした雰囲気の、中学生が上演しやすい作品になっています。

◇この劇のテーマは？

みなさんは、既成の脚本を選ぶときに、その劇は何を訴えているのか、つまりその劇のテーマ性を意識して選んでいますか？　同じ劇を演じるのでも、観客に何を伝えたいのか意識するかしないかで劇の作り方も演じ方もどこか違ってくるはずです。では、この作品のテーマは何でしょう？　特に命や愛を大きく扱った作品なら分かりやすいけれど、この劇は特にそういったものを扱った劇ではありません。では何を伝えたいのか？　そのヒントがこの作品の題名にあると思います。登場する十一人の中学生は真剣にカズマの疑いが本当なのか話し合いますが、その真剣さはカズマの友達への優しさが生み出したものです。最後までカズマに疑いをかけていたソウタも最後はカズマの無実を認めて、むしろカズマの疑いを晴らすために動きます。それはソウタ自身が抱えて苦しんでいたものを乗り越えることができたからこそできたことでした。だからこれを演じるにはソウタが抱えていたものはソウタにとってどれだけ大きなもので、それを乗り越えさせるには他の人たちのどれだけ真剣な態度が必要なのか、演じる人たちはよく感じ取ることが必要でしょう。そしてその気持ちのぶつかり合いがあって初めて『12人の優しい中学生』の世界が成立することになるのです。その中で中学3年生の心の揺れ動きや、それを越えたときの結びつきがほのぼのとしたものとして舞台と客席を包み込めればこの劇の上演として十分な成功となるのではないでしょうか。なお、登場人物は11人ですが、題名の「12人」というのはカズマを含めて「優しい中学生」ということなので、念のため。

◇この作品で難しいところは？

この劇は、よく「一幕一場もの」と呼ばれたりしますが、一つの場で、劇の進行と共に時間も進んでいく劇です。これは、劇として一つの理想型です。お客さんも登場人物と一緒に過ごしていけるので集中も切らさないで見ていることができます。場面が変わって「これはどこだ？　いつのことだ？」って分からなくなることもありません。

逆に大きな課題になることもあります。一つ目は、その場で起こったことではない、図書館での出来事を教室で論じるので、セリフでお客さんに伝えていかなければならない点でしょう。もう一つは、中学校の教室で学生服を着ている生徒が11人登場したら、一般的に言って観客はほとんど一人一人の見分けがつかないことです。一人一人がよほど個性的な役割を持っていないと、みんな似たような人物に見えてしまいます。

これらの問題点について、作者はずいぶん様々なアイディアを用意しています。例えば一つ目の問題について言えば、図書館の図面を黒板に描いて状況が分かるようにしたり、細かな推理を論じていくときに賞状とかジャンパーとか探偵物のテレビ番組といった具体的なアイテムを使って、単にセリフだけで論議する場面が少なくてすむようにしてあることです。また、二つ目の11人の生徒が区別しにくい点に対しても一人一人に個性的な役割を持たせていて、演じる際の役作りのヒントは十分に与えられています。それぞれの人物に与えられた性格やそのときの状況(ポスターを作っているとか、風邪を引いているとか、野球を観に行こうとしている等々)をよく生かして個性的な人物像を作り上げる必要があります。

◇丁寧な舞台づくりを

道具類には、できるだけ具体的に凝りたいものです。できれば欲しいのが、教室の壁。それが有るか無いかで、ソウタが賞状を破り捨てるシーンの説得力が違います。この劇では壁は絶対に必要と思ってください。その場合、壁としてよく展示用のキャスター付のパネルを使った劇を利用するのを見ますが、少なくともこのような一場面の劇ではきちんと演劇用に作ったベニヤ板で作ったパネルを立ててセットしたいものです。では、その場合、正面は教室のどの方向になるでしょうか？　このようなことも、なんとなく決めるのでなく、いろいろなパターンを考えて決めていきたいものです。それによって黒板をどうするか、ピーちゃんはどこから登場するか、等々、すべての設定が変わってくるものです。小道具も、「劇だから意味が分かればいい」のではなく、できるだけその劇の中では「本物」として違和感のないものにしましょう。忘れてはいけないのは、劇は舞台で行われるウソの出来事をお客さんに「舞台の中では本当のことですよ」として見せることです。だから、舞台装置も道具も、演技も、基本的にそこで現実に起こっていることとして劇づくりをしましょう。それを求めて一つ一つ丁寧に作り上げた劇であれば、きっとお客さんはこの脚本の面白さで満足できる劇になると思います。


【初演】二〇一四年、岩手・宮古市立川井中学校。

【作者】野間玲子（のま・れいこ）――岩手県・劇作家、現在は東京都在住。

［主な作品］「秘密」（日本演劇教育連盟「2015年子どもが上演する劇脚本募集」準入選、『演劇と教育』2015年8＋9月号）、「けっぱれ！ケッパレジャー！」（同2017年8＋9月号）、「十年目の三月に」（同2021年11＋12月号）

ハムレット

原作＝ウィリアム・シェイクスピア　翻案・脚色＝小沼朝生

たった３人で『ハムレット』を上演することにした演劇部。
稽古を進めながら、他者の前の自分と「本当の自分」との間で悩むミサキ。
それをたしなめるハルミが抱えていたものは……

上演＝東京・杉並区立阿佐ヶ谷中学校演劇部

登場人物

ハルミ　亡霊、ハムレット
ミサキ　衛視1、オフィーリア、ガートルード、レアティーズ
ツクシ　衛視2、亡霊、クローディアス、ポローニアス（声）

＊なお、衛視1と衛視2＋亡霊はミサキとツクシで役を入れ換えてもかまわない。

舞台セットはなし。シンプルなイス三脚を適宜配置する。
上演中、自身の登場がないシーンではイスに座り、演じ終えたらイスに戻る。

一場 ハムレット1

薄暗いスポットが入ると、壇（イス）上に仮面をつけた亡霊（ハルミ）。

衛視2 う、うわっ、出た〜！ 亡霊だ〜！
衛視1 やはり今日も出たか。これで三晩続けてだ。
衛視2 ど、どうする。なんか聞いてみるか。
衛視1 うん、お前聞いてみろ。
衛視2 なにいってんだ、お前聞けよ。
衛視1 ちっ、臆病者め。おい、そこにいる亡霊。こっちを向け。

亡霊、衛視1の方を見る。

衛視1 む？ お、王様！
衛視2 王様？
衛視1 よく見てみろ！ 亡くなった先の王様そっくりだ！
衛視2 ほ、本当だ！ まちがいない、先の王様だ。
衛視1 王様、どうしてそのようなお姿で毎晩この城壁にお立ちになるのですか？ なにかこのデンマークに不吉な報せでも？
亡霊 ……。
衛視1 ダメだ、なにも答えてはくださらぬ。
衛視2 ハムレット様を呼ぶか。ご子息ならなにか話されるかもしれん。
衛視1 そうだな。よし、お前ここに残れ。ハムレット様を呼んでくる。
衛視2 じょ、冗談じゃないよ。俺が呼んでくる。お前残ってろ。

衛視2が去り、亡霊は仮面をとりつつ壇（イス）上から降りハムレットに。

ハムレット そんな馬鹿げた話があるものか。お父上がなぜこのような場所に。
衛視1 たしかに馬鹿げた話ではありますが、あれは確かに先の王様にございます。
ハムレット お前たちも毎晩寝ずの番で、疲れているのだろう。今日はもう寝たらどうだ。代わりの者をつかわそう。

衛視1　ありがたきお言葉ではございますが、とにかく一目ごらんください。さすれば、私たちの話を信じていただけるものと……。

ハムレット　ふむ。どれ、どこにいる。その亡霊とやらは。

衛視1　あの、薄暗い中に。

壇（イス）上に亡霊（仮面をつけたツクシ）。

ハムレット　ち、父上！

亡霊　ハムレットか。

ハムレット　はい、あなたの息子にございます。

亡霊　どうしてもお前に伝えたき儀があって、地獄の底からまいった。

ハムレット　なにを言われます。天に召され、安らかにお休みではなかったのですか。

亡霊　安らかじゃと。ふん、殺された者が安らかに休めるものか。

ハムレット　殺された？　いま、殺されたと？

亡霊　そうじゃ、しかもクローディアスにな。

ハムレット　お、叔父上に⁉　そんな、馬鹿な。父上の弟ではありませんか。

亡霊　わしを馬鹿と申すか。馬鹿はお前ぞ、ハムレット。あの男はわが妻ガートルードをたぶらかしたうえ、この耳に毒をそそぎおった。

ハムレット　叔父上と母上が⁉　し、信じられん。

亡霊　信じようと信じまいと、いま王冠をかぶっているのは誰じゃ。わしの亡きあと、さほど日を置かずしてその弟の妻となったのは誰じゃ！

ハムレット　それは……。

亡霊　ハムレット、お前がわしの息子ならば、あの男に復讐をはたせ。しかし、母親には手を出すな。あの女には、天が代わって裁きをくだすであろう。

ハムレット　復讐。この私が、復讐。

二場　稽古場1

ミサキ　はいっ！　ツクシ〜。

ツクシ　はい？

ミサキ　もっとおなかから声出せないの？

ツクシ　すみません。
ハルミ　まあまあ、いいじゃないの。雰囲気だけ伝われば。
ミサキ　だいたいさ～、ハムレット三人でやるって無謀でしょ無謀。本当は三十人くらい出てくんのよこの作品。
ハルミ　だからゼロ一個とっただけじゃん。
ミサキ　とっちゃだめでしょとっちゃ。
ツクシ　でも、どうしてハムレットなんですか？
ハルミ　だってあたしの名前はなに？
ミサキ　ハルミ。
ハルミ　ハルミのハの字は？
ミサキ　知らないわよ。
ハルミ　ハムレットのハでしょ。
ミサキ　そんなわけないでしょ。だいたいあんたお寺巡りとか好きだし、カラオケで演歌唄うし、好物はぬか漬けだし、ちゃっきちゃきの日本人じゃん。
ツクシ　でも、ハルミ先輩のハムレット、かっこいいですよ。
ハルミ　いい子ねぇ～、ツクシちゃんは。
ミサキ　それにあたしだってハムレットやりたかったわよ。
ハルミ　ん、なに？
ミサキ　あたしだってハムレットやりたかったです！あんたって時々耳遠いよね。
ハルミ　ああ、ごめんごめん。いいじゃんミサキはオフィーリアなんだから。ハムレットの恋人だよ。しかも超美人の。
ミサキ　それは当たり前でしょ。あたし以外に誰がやれるっていうの？

ミサキ、ツクシがなんとなく手を挙げそうになるのをギロリとにらむ。

ツクシ　ミサキ先輩にぴったりの役ですよね～。
ハルミ　とにかく、このまま進めようよ。ねっ。

三場　ハムレット2

クローディアスとオフィーリア登場。

クローディアス　オフィーリア、聞けばハムレットが正気を失ったというではないか。

オフィーリア　はい、クローディアス王。訳のわからぬ言葉を口にされたり、突然大声でわめきちらしたりと。私がもうお手紙などをくださらないように申し上げたからでしょうか。

クローディアス　ふうむ、そうかもしれん。激しい恋は、人を狂わせるというからな。オフィーリア、一度ハムレットと話をしてはどうだ。私もそなたたちがうまくいくことを祈っておるぞ（去る）。

オフィーリア　もったいなきお言葉。

ハムレット登場。

ハムレット　生きてとどまるか、消えてなくなるか、それが問題だ。俺はどうすればいい。考えろハムレット。いつまでも気が狂ったふりを続けるわけにはいかんぞ。どうにかして決着を着けねばならん。しかし、下手に動けばこの身が危な……

オフィーリア　ハムレット様。

ハムレット　な、なんだ。いたのか、オフィーリア。

オフィーリア　今日のご機嫌はいかがですか？

ハムレット　ご機嫌？　ふん、良くも悪くもない。まあ、お前に会ったことで、多少悪くなったがな。

オフィーリア　これまでにいただいたお手紙や高価な品々、いつかお返しせねばと思っておりました。

ハムレット　お手紙？　そんなもの渡したことがあったかな。

オフィーリア　私を心から愛していると記してくださいました。

ハムレット　はっ、愛しているだと？　なにを言っている。お前を愛したことなどない。

オフィーリア　そ、そんな。

ハムレット　ふん、女ときたら愛だの恋だのと甘い言葉に惑わされ、簡単に自らも変わらぬ愛を誓う。その実、ほかの男が魅力的に見えたとたん、勝手気ままに裏切って平気な顔をしている。もううんざりだ。

オフィーリア　では、私がハムレット様を裏切るとでも？

ハムレット　裏切るとも。いずれはな。よいか、この世に永遠などないのだ。永遠の愛など幻想にすぎん。そんな幻想につきあうほど、俺は暇ではない。

オフィーリア　なげかわしい。あの気高いお心をもったハムレット様は、デンマークのかがみとうたわれたハムレット様はどこに行ってしまわれたのですか。
ハムレット　それも幻想だったのだ。すべては幻と思って、忘れてしまえばいい。尼寺へ行け！　俺はいまから何をしでかすかわからん。そんな男と結ばれてなんになる。いいか、俺たちはみんな悪党だ。誰一人信じるな。さあ行くのだ、尼寺へ！
オフィーリア　ああ、どうして、どうしてなの。神様、どうかハムレット様をお救いください。最愛の人に捨てられた、みじめな女をお救いください！

四場　稽古場2

オフィーリア、ミサキに戻る。

ミサキ　……ねえ、ハムレットって、演技しててつらくないのかな。
ハルミ　ん？　ごめん、聞こえなかった。
ミサキ　狂ったふりをしてて、つらくないのかなって。
ハルミ　ああ、そりゃつらいんじゃない。復讐しなきゃいけない、本当の自分を隠して演じてるんだから。
ミサキ　……本当の自分か。
ツクシ　ミサキ先輩、どうかしたんですか？
ミサキ　ううん、どうもしないよ別に。
ハルミ　なに、なんかあった？
ミサキ　別になにもないって。
ハルミ　ほんとかなぁ。
ミサキ　しつこいなぁ。
ハルミ　ま、なにもないんならいいけど。
ミサキ　ところでさ、ハルミってどうして演劇部に入ったの？
ハルミ　え？　う、うん。まあ、なんとなく。ちょっと楽しそうだったから……それよりミサキはどうなのよ。三年生になってから入る子なんていないよ普通。
ミサキ　……うん。
ツクシ　でも、ミサキ先輩が入ってくれてよかったですよね。
ハルミ　そうね、助かったのは助かったけど。ねぇ、どうして入ったの、演劇部。

間。

ミサキ　……どうせ演じるなら、本気で演じてみようかなって思って。中学生最後の年くらい。
ハルミ　なにそれ？
ミサキ　……ねえ、本当の自分ていると思う？
ハルミ　え、どうかな。あたしはいまの自分が本当だと思ってるけど。
ミサキ　ツクシは？
ツクシ　う～ん、わかんないです。家族の前の私と、友だちの中の私と、演劇部の私は全部違うし、でもそれも全部本当の私だし。
ミサキ　そうかな、じつは全部それは嘘なのかもよ。本当はすっごく悪い子で、タバコ吸ったり、暴力ふるったりするのが本当の自分かもしれないじゃん。
ハルミ　なに言ってんの、ツクシがそんな子のわけないでしょ。
ミサキ　そんなことわからないよ誰にも。ハムレットだってすばらしい王子だったのに、いまはひどい人に変わったし。
ハルミ　それは復讐のためでしょ。
ミサキ　そんなのタテマエかもよ。
ハルミ　え、なに？
ミサキ　そんなのタテマエで、本当はいい人間でいることが苦しかったんじゃないかって。期待されて、ほめられて、愛されることが苦痛だったのかもってこと。
ハルミ　……どういう意味？
ツクシ　……あの、ミサキ先輩、もしかして自分のこと言ってるんですか？
ミサキ　……。

間。

ハルミ　……まあ、たしかにあんたは美人で、頭もよくて、みんなのリーダーで。それがいやなの？
ミサキ　いやじゃないよ、べつに。いやじゃないけど……本当のあたしはそんなにいい子じゃない。そんなに強い人じゃない。
ハルミ　じゃあ、悪い子なの？　弱い人なの？
ミサキ　わかんないわよ、そんなの。でも、あたしは演技してる。みんなの前で。
ハルミ　どうして？

ミサキ　あんたって馬鹿なの？　その方が家族や友だちとうまくいくからに決まってるでしょ。
ツクシ　ああ、だから、演じるなら本気で演じてみようって。
ミサキ　……。
ハルミ　……そんなの誰だってそうだよ。浮きたくないから、置いていかれたくないから、みんな演じてるんだよ。それをいちいち気にしてたら生きていけないって。
ミサキ　でも、そんなこと続けてたら、結局どれが本当の自分かわからなくなると思わない？
ハルミ　そんなの全部本当の自分なんだよ。演じてる自分だって本当の自分だってこと。その自分を受け入れなきゃしんどいだけでしょ。
ミサキ　……強いね、ハルミは。
ハルミ　別に強くないよ。強くないけど、強くならなきゃ生きていけないだけ。
ツクシ　生きていけない？
ミサキ　……どういう意味？
ハルミ　……ううん、なんでもない。

間。

ツクシ　……あの、稽古進めましょうか。
ハルミ　……そうだね。
ミサキ　……どうなるんだっけ、この先。
ハルミ　ハムレットが旅芸人をやとって、クローディアス王に芝居を観せるのよ。名前は出さないけど、クローディアスが自分の兄を殺したのと同じ内容の。それを観たクローディアスは青ざめて去っていく。そうしてハムレットは、父の亡霊が訴えたことは本当だったと確信する。

五場　ハムレット3

仮面をつけてミサキはガートルードに、ツクシはポローニアスに。

ハムレット　やはり父上の言われたことは本当だった。いよいよ私も決意を固めねばなるまい。

ガートルード登場。

ガート　ハムレット。
ハムレット　これは母上。
ガート　どうしてあんなお芝居をやらせたの。お父様はとてもご気分を害されたのよ。
ハムレット　ご気分を害された？　それはいけませんね。いったいなにがそんなにお気に召さなかったのやら。
ガート　先の王様が亡くなってから日も浅いのよ。それであんなお芝居を観せられたら誰でも傷つきます。
ハムレット　はっ、日も浅いうちにさっさと次の王の后になられたのはどこのどなたでしたかね。
ガート　どういう意味？
ハムレット　言ったままの意味ですよ。あなたは王妃、夫の弟の妻、そして残念ながらわが母上。ほら、そこに鏡がある。自分で自分のお姿を確認されるといい。さあ、さあっ！
ガート　痛い！　な、なにをする気！
ハムレット　なにもしませんよ、ただ鏡にその無分別なお姿を映してみなさいと言っているだけです。
ガート　や、やめて！　助けて！
ポローニアス（声）　おうい、誰か来てくれ。ハムレット様がご乱心だ！
ハムレット　ほう、なにかつまらぬネズミが隠れていたようですね。ネズミはさっさと退治するに限る！

ハムレット、ポローニアスに近づき短剣を突き刺す。

ポローニアス（声）　ぐわーっ！
ガート　な、なんとむごいことを。あなたがいま刺したのは、オフィーリアの父ポローニアスよ。
ハムレット　それは不幸なことをしました。しかし、隠れて私の行動を監視するようなマネをするのが悪い。王を殺し、その弟と結婚するのと同様にね。
ガート　王を殺す？　なんのことです？
ハムレット　そうか、母上はご存じないのでしたね。まあ、そんなことは関係ない。あなたがあの男の誘惑に負けたからこんなことになったのだ。すべてはあなたの弱さのせいなのだ。
ガート　私の弱さ？　ええ、弱い。私は弱い。でも、弱くない人間がいて？　自分の弱さを認めない人間の方がずっと弱いのではなくて？
ハムレット　黙れ！　そんなお説教など聞きたくない！　おっ、ネズミの仲間がきたようだ。では、私はこれにて。

ハムレットが去り、入れ替わりにクローディアス登場。

クローディアス　ガートルード、どうしたっ!?
ガート　あなた、ハムレットが、ハムレットがポローニアスを！（死体を指さす）
クローディアス　おおっ、なんたることだ！　あの善良な老人を殺めるとは。このままでは、われわれの身に危険が及ぶのも時間の問題。何か策を弄さねばなるまい。

六場　稽古場3

ハムレット、ハルミに戻る。

ハルミ　ごめん、ちょっと止めるね。ミサキ、なんか気持ちが入ってないみたいだけど。
ミサキ　うん……なんか集中できない。
ハルミ　なに？
ミサキ　集中できないの。あんたがさっき妙なこと言うから。
ハルミ　なによ、妙なことって。
ミサキ　強くならなきゃ生きていけないって。
ハルミ　……そんな、おおげさな意味じゃないって。
ミサキ　嘘。ハルミは自分が思ってもいないこと言わないもん。
ハルミ　……。
ツクシ　なにかあるんじゃないんですか？
ハルミ　なにもないって。
ミサキ　じゃあ、なんでハムレットやろうと思ったの よ。「生きてとどまるか、消えてなくなるか」とか、妙なシンパシー感じてるんじゃないでしょうね。
ハルミ　想像しすぎ！　なんにもないって。
ツクシ　ああっ、まさか！
ミサキ　なにっ。
ツクシ　尼寺にいって尼さんになる気じゃ！
ミサキ　あんたはだまってなさい！

ツクシ　はい。

間。

ハルミ　……ハムレットやりたかったのは、有名な作品だったから。本当にそれだけ。でも、やってみて思ったけど、あんまりハムレットは好きじゃないな。

ミサキ　どうして？

ハルミ　だって、狂ったふりしてオフィーリアは傷つけるし、その父親は殺しちゃうし。

ミサキ　……まあね。

ツクシ　オフィーリアなんて、このあと本当に気が狂って自殺しちゃいますしね。

ハルミ　まあ、孤独だっただろうなとは思うけど。

ツクシ　一人ぼっちってことですか？

ハルミ　うん。王子としてたくさんの人に囲まれてるのに、誰にも相談せずに全部自分だけで解決しようとしたわけでしょ。

ツクシ　そうですね。オフィーリアにくらい相談すればよかったのに。

ハルミ　それはオフィーリアだから相談しなかったんでしょ。

ミサキ　大切な人だからよけいにってこと？

ハルミ　うん。そういうことってあるじゃん。

ミサキ　……人間てさ、やっぱり一人ぼっちなのかな？誰からも嫌われないように、大切な人に心配かけないように、ちょうどいい自分を装って、自分だけが知っている自分は自分の内側におしこめて、誰にも見せずに、知られずに、一人で生きてかなきゃいけないのかな。

ハルミ　そんなことないよ。ミサキがそんなに悪い人なら、そういう面を見せればいいじゃん。見せたい自分しか見せてないから窮屈なんだよ。

ミサキ　でも「本当のあたしはこうでした～」って好きにやってさ、みんな離れていったらどうするの？

ハルミ　大丈夫だよ、あたしは離れたりしないし。それに、どうしてそんなに一人を怖がるの？

ミサキ　だって……怖くないの、ハルミは？

ハルミ　怖いよ。怖いけど、仕方ないと思う。だって、自分の心と体に一生つきあっていくのは自分しかいないじゃん。だから、どんなに一人になっても「自分は自分だ」って頑張ることも大切なんじゃない？　ハムレットも一人ぼっちだったとは思うけど、狂ったふりなんかして、まわりの人をまきこむのは身勝手すぎるよ。自分が重荷を引き受けたからって、誰かを悲しませていいはずない。

間。

ミサキ あんた、やっぱりおかしい。
ツクシ おかしいです。
ハルミ なにが?
ミサキ さっきからまともなこと言いすぎ。そんなハルミなんてハルミじゃない。
ツクシ じゃないです。
ハルミ ちょっと、あたしってあんたたちの中でどういうキャラなのよ。
ミサキ 天然ボケ。
ツクシ 極楽とんぼ。
ハルミ もう絶対なにも言わない。
ミサキ 言いなさいよ。ずるいでしょ、あたしはちゃんと話したのに。
ハルミ 話してどうすんのよ。あんたたちが解決してくれるの?
ミサキ ほら、やっぱりなんかあるんじゃない。
ハルミ ちがうって。たとえばよ、たとえば。
ツクシ もう観念したらどうですか? なにを悩んでるんですか?
ハルミ 悩みとかそういうんじゃないんだって。
ミサキ だからなによ、気持ち悪いなあ。
ツクシ 気持ち悪いです。
ハルミ 二人で勝手に気持ち悪くなってなさいよ。
ミサキ いいかげんにしなさいよ!
ツクシ そうですよ!
ミサキ ハルミ!
ツクシ ハルミ先輩!
ハルミ ああ、もう! わかったわよ、言うわよ、言えばいいんでしょ! あのね……やっぱやめた。
ミサキ・ツクシ 言いなさい!
ハルミ はあ~(ため息)……あのね、あたし病気なの。
ミサキ そんなの知ってるわよ。頭がでしょ。
ハルミ ちゃかすんなら言わない。
ミサキ ごめんごめん。ちゃんと聞く、ちゃんと。なに、病気って。

ハルミ　……耳が聞こえにくいの。
ミサキ　耳？　ああ、それで時々聞き返してたの？そんなの全然問題ないじゃん、ちょっと耳が遠いくらい。
ツクシ　別に日常生活に影響ないですしね。
ハルミ　ちがうの……進行性感音難聴っていう病気なの。
ミサキ　……なに、それ？
ハルミ　ようするに、いつか耳が聞こえなくなるのよ。

間。

ミサキ　……冗談でしょ？
ハルミ　冗談でこんなこと言わないわよ。
ミサキ　……なぜ？
ハルミ　そんなのあたしが知るわけないじゃん。
ツクシ　でも、いまは聞こえるんですよね。
ハルミ　いまはね。でも進行性っていうくらいだからね。ジワジワ聞こえなくなってくの。
ミサキ　……治らないの？
ハルミ　いまの医学じゃ無理みたいよ。

間。

ミサキ　なんでそんな大事なこと黙ってたのよ！
ハルミ　言ったって仕方ないでしょ！
ミサキ　そうだけど……一人で苦しむことないじゃん。友だちでしょ！
ハルミ　友だちだから黙ってたの！
ミサキ　だって……だって……本当になんとかならないの？
ハルミ　……診断されたのは三年前。最初は「なんか音が聞こえにくいなぁ」くらいだったんだけど、ジワジワ聞こえにくくなってきたから病院にいったの。そしたらいきなり検査、検査、検査。で、その病気だってわかったの。いまも少しずつ聞こえにくくなってる。

間。

ミサキ　……いつ、完全に聞こえなくなるの？
ハルミ　わかんない。来年かもしれないし、五年後かもしれないし。とにかく、聞こえなくなるのは確実みたい。

ツクシ　そんな。
ミサキ　……ごめん、無理に聞いて。
ハルミ　まあ、あたしも最初は泣いたりわめいたりしたけど、今はもうあきらめてる。だから気にしないで。

間。

ミサキ　……本当にあきらめてるの？
ハルミ　だってあきらめるしかないじゃん。治らないものは治らないんだから。
ミサキ　そりゃそうだけど。
ハルミ　まあ、音のない世界も悪くないんじゃない？　くだらない悪口とか聞かずにすむし。
ミサキ　馬鹿なこと言わないでよ！
ハルミ　じゃあどうすればいいのよ！　辛いって本音を言えばなんとかしてくれるの⁉　死にたいくらい苦しいって言えば治るの⁉　自分の声も、ミサキの声も、ツクシの声も聞こえない。音楽も聴けない。テレビや映画でなに言ってるかわかんない。クラクションとか鳴らされても気づかない。そんなこと山ほど想像したし、本当は怖くて怖くてたまんないわよ！　でも仕方ないじゃん。それがあたしの運命なんだから。それでも生きてかなきゃいけないんだから！
ミサキ　……。
ツクシ　……。
ハルミ　……ごめん。

間。

ハルミ　……ねえ、あたしがどうして演劇部に入ったと思う？
ミサキ　……どうして？
ハルミ　毎日おもいきり声を出してね、覚えておきたかったの、自分の声を。自分はこんな声だったんだって。こんな風に話してたんだって。それに、みんなの声も。
ミサキ　……そう。
ハルミ　だから、稽古しようよ。
ミサキ　……そうだね、稽古しよう。
ツクシ　……しましょう。
ハルミ　じゃあ、最後の対決のところやってみようか。
ツクシ　レアティーズと剣の試合をするんでしたよね。

ハルミ　そう、父親と妹のかたき打ちよ。ほら、二人とも元気出して。準備はいい？　じゃあ、いくわよ。はいっ。

七場　ハムレット4

レアティーズ、クローディアス登場。

レアティーズ　クローディアス様、もはや一刻のがまんもなりません。この手でハムレットを殺します！

クローディアス　待て、レアティーズ。悪党とはいえ、ハムレットはデンマークの王子。お前が殺したとあっては、私もお前を処罰せねばならん。

レアティーズ　ならばどうしろと！

クローディアス　ふ～む……よし、こうしよう。私の前で剣の試合をせよ。お前の剣の腕は相当のものと聞いておる。

レアティーズ　試合用の剣で殺すことはできません。

クローディアス　だから、お前だけ本物の剣を使うがよい。念のため、剣の先に毒を塗っておけ。それでハムレットが死んでも事故ですむ。

レアティーズ　……なるほど。

クローディアス　私も念を入れて、ワインの中に毒を入れておく。ハムレットが試合中にのどを渇かしてそれを飲めば、お前の復讐はなんなく終わりだ。

レアティーズ　数々のお心づかい、感謝いたします。

クローディアス　ただし、このことは絶対にガートルードに知られてはならぬ。彼女もハムレットの母。息子の死を見過ごすことはできまい。

レアティーズ　かしこまりました。

クローディアス　では、さっそく試合の手配を整えよう。

レアティーズ、クローディアスが去り、ハムレット登場。

ハムレット　レアティーズめ、妹が死んだというのに剣の試合とは。ああ、くそ！　なぜだ、なぜ死んだオフィーリア。すべてが終われば、ことの真相を打ち明けて赦しをこおうと思っていたのに。俺はこの地上の誰よりもお前を愛していた。オフィーリア、赦してくれ。

レアティーズ、クローディアス、（見えない）ガートルード登場。

レアティーズ　ハムレット様。
ハムレット　これはこれはレアティーズにクローディアス王、それに母上まで。
クローディアス　お前とレアティーズの勇姿をどうしても見たいと申すでな。
ハムレット　まあ、とくとご覧になるがいいでしょう。われわれは剣にかけてはデンマーク一、二を争う腕。さぞや見応えがありましょう。
レアティーズ　殿下、手加減はしませぬゆえ、どうぞそのつもりで。
ハムレット　ふん。のぞむところだ。
クローディアス　では、二人とも位置につけ。先に三本とった方を勝ちとする。二人とも、用意はよいか。（二人うなずく）では、はじめ！

二人、闘いを始める。

ハムレット　腕をあげたようだな、レアティーズ。しかし、スキも多いぞ。それ！
レアティーズ　うわっ！
クローディアス　どうやら、一本入ったようだ。いいぞ、ハムレット。しかし、息がきれている。ワインを一杯飲んではどうだ。
ハムレット　いいえ、まだ大丈夫です。もう一本いこう、レアティーズ。
クローディアス　では、はじめ！

二人、再び闘う。

ハムレット　それ、それ！
レアティーズ　なにを！
ハムレット　そこだ！
レアティーズ　うわっ。くっそ〜。
クローディアス　ほう、またハムレットが一本だ。もはやあとはないぞ、レアティーズ。どうした、ガートルード。のどが乾いた？　ま、待て！　そのワインを飲んではならん！　飲むな、ガートルード！

レアティーズ、いきなり攻撃に出る。

レアティーズ ハムレット、覚悟！

ハムレット ちょ、ちょっと待って。段取りちがうよ、ミサキ！

レアティーズ うるさい！ 父と妹のかたき！

ハムレット ちがう、誤解だレアティーズ、話を聞け！

レアティーズ お前の話など聞きたくない。

ハムレット いいから、聞くんだ！

レアティーズ 聞けるもんですか！

間。

ハルミ ……ミサキ。

ミサキ どうして、どうして黙ってたのよ！

ハルミ 仕方ないでしょ、そんなの！

ミサキ ひどいじゃない、一人で悩んで！ あたしはあんたの友だちでしょ！

ハルミ わかってるわよ、そんなこと！

ミサキ ったく、格好つけちゃって。頭にくるなあ、もう！(構える)

ハルミ なによ、ケンカなら相手になるわよ！(構える)

ツクシ ちょ、ちょっと、どうしちゃったんですか、二人とも！

ミサキ あんたなんかもう知らないからね！(闘い始める)

ハルミ こっちだって、つきあってらんないわよ！

ミサキ あんたのせいで、自分が情けなくなっちゃったでしょ！

ハルミ 知らないわよそんなの！ うっ！(刺されて、剣を落とす)

ミサキ 一人に耐えて、一生懸命演じてたのはハルミだったのに！(剣を捨てる)

ハルミ 演じてたんじゃない！　それが自分だって受け入れてたの！　それに、一人じゃなかった。ミサキがそばにいてくれたから、ツクシが頼りにしてくれたから、全然一人じゃなかったよ。

ミサキ ……。

ハルミ ったく、ちゃんと演技続けなさいよ。(レアティーズの剣を拾い) レアティーズ、覚悟！

ハムレット、レアティーズを刺す。

レアティーズ　うわーっ！（倒れる）

ハムレット　レアティーズ、すまない。大丈夫か？

レアティーズ　わ、私よりも、ガートルード様が……

ハムレット　なにっ⁉　は、母上！　母上、どうされました⁉

クローディアス　案ずるな。レアティーズが刺されたのでめまいを起こしただけだ。よし、勝負は決した。ハムレット、お前の勝ちだ！

レアティーズ　違う！　すべてはそこにいるクローディアス王のたくらみ。ワインと私の剣の先には毒が！

ハムレット　毒だと！　そうか、そういうことか。それならば最後にその効き目を見せよ！

ハムレット、クローディアスを刺す。

クローディアス　ぐわーっ！（倒れる）

ハムレット　……どうやら、私にも毒が回ってきたようだ（倒れる）。

間。

レアティーズ　……ねえ、あたしがハルミの耳になってあげるよ。中学校を卒業して、高校も、大学もいっしょにいって、ハルミに大切な人ができても。わかった？ハムレット。（死ぬ）

ハムレット　……わかったよ、レアティーズ。ああ、毒がまわってきた。俺は死ぬ。父上、あなたの息子は見事ご命令を果たしました。母上と再会されていることでしょうが、どうぞその罪をお赦しになられますよう。私もいまそちらへまいり、オフィーリアに赦しを乞うつもりです。さらばだ、デンマークよ。あとは、沈黙（死ぬ）。

八場　稽古場4

倒れている三人、笑い始める。

ハルミ　もう、むちゃくちゃ。

ミサキ　でも、ちょっとすっきりした。

ハルミ　あたしも。お〜い、ツクシー。
ツクシ　（起き上がり）ひどいですよ〜、二人とも。

三人、ひとしきり笑ったのち。

ハルミ　ねえ、演劇っておもしろいよね。ハムレットって呼ばれるとき、あたしはハムレットになる。オフィーリアって呼ばれたら、あたしはオフィーリアになる。そうやって、誰かから呼んでもらうことで、その人はその役を演じられるんだと思うんだ。
ミサキ　……そうだね。でも、それって現実も同じかも。あたしは一人じゃミサキになれないもん。ミサキって呼ばれるから、あたしはミサキになる。親に呼ばれたとき、ハルミに呼ばれたとき、先生に呼ばれたとき。それぞれ、そこには違うミサキがいるけど、それは全部ミサキなのかも。
ハルミ　そうだよ、ミサキはミサキだよ。
ミサキ　……ねえ、あたし何度も、何十回でも、何百回でもハルミって呼んであげる。ハルミの耳が聞こえなくなっても、ずっとずっと呼んであげる。そうしたら確認して。まちがいなく、あたしはハルミだって。これからどんな自分になっても、あたしはハルミなんだって。
ハルミ　うん。じゃあ、あたしもミサキって呼ぶよ。何度でもミサキって呼ぶ。どんなミサキでもいい。演じてたっていい。自分の名前を呼ばれて、それが耳に届いたら、自分は一人じゃないって、自分をミサキにしてくれる人がたくさんいるって、勇気を出して。
ミサキ　……うん、ありがと。
ツクシ　じゃあ、あたしは、え〜と、メールします。もしハルミ先輩の耳が聞こえなくなったら、あたしたくさん「ハルミ」って書いてメールします。ミサキ先輩が落ちこんだときもメールします。毎日毎日、メールします。
ミサキ　それ逆に迷惑だよ。

三人、笑う。しばしの間。ミサキ、立ち上がり。

ミサキ　ハルミー！
ハルミ　なに、いきなり。
ミサキ　ハルミー！　ねえ、聞こえた？　あたしがハルミを呼ぶ声、聞こえた？

ハルミ　……聞こえたよ。よく聞こえた。

ツクシも立ち上がり。

ツクシ　ハルミせんぱ～い！　聞こえますか～！
ミサキ　ハルミー！

ハルミも立ち上がり。

ハルミ　聞こえるよ～、ミサキー、ツクシー、ちゃんと聞こえるよ～！
ミサキ　ハルミー、ツクシー！
ツクシ　ハルミせんぱ～い！　ミサキせんぱ～い！
ミサキ　あたしはあたしだ～！
ハルミ　あたしもあたしだ～！
ツクシ　私も私で～す！
ミサキ　文句あるか～！

三人の笑い声のなか暗転。

――幕――

上演のてびき

小沼朝生

●演劇の「お約束」を活かす

私は過去に外部指導員として某中学校の演劇部を指導していましたが、ある年に1年生一人、３年生二人、合計三人の女子しか部員がいないという危機的な状況に陥りました。ひょっとすると、全国の中学校・高校演劇の現場で、よくある光景かも知れません。

出演者が三人の戯曲はいくらでもありますが、中学生・高校生に適した作品はほとんど見たことがありません。そこで、私が書き下ろすことにしたのですが、まず考えたのは「三人では絶対に上演できそうにない作品」でした。簡単に言えば、四つ以上の役柄があり、一人の役者が一つの役に専念できない作品です。

もちろん、意地悪でそんなことを考えたわけではありません。むしろ演劇が備える自由さを、思い切り使ってやろうという思いからでした。

映画を考えてみましょう。一人の役者がいくつもの役を演じることは、前衛的な作品など以外では基本的にありえません。また、原則として男性の役は男性が、女性の役は女性が演じます。時代、場所なども莫大なお金をかけてロケをしたり、セットを組んだりと、いかに「リアル」であるかを追求します。

一方、演劇はそういう制約がまったくありません。一人で何役を演じようと自由ですし、男性を女性が、女性を男性が演じても違和感はありません。何もない舞台でも、「ここはデンマークだ」と言えば、その瞬間そこはデンマークになってしまいます。照明をつければ朝に、消せば夜になります。そういう「お約束」が許されることが演劇の魅力なのです。

演劇が備える自由さを作り手が楽しみ、お客様に喜んでいただく。そこで、あえて『ハムレット』という難敵を選びました。みなさんにも自由な発想を大切にしてほしいため、ト書きも極力少なくしています。指定したト書きも、無理に守る必要はありません。ありったけの想像力やアイディアを使って、この作品に命を吹き込んでください。

●落差を入れてドラマを生む

実際に作品づくりに取り組む際、まず意識してほしいのは、本作のタイトルは『ハムレット』であるということです。タイトルが『ハムレット』ですから、お客様は当然『ハムレット』を観るつもりです。だからこそ、かなりのダイジェスト版とはいえ、オリジナルの物語はきちんと作品に含まれています。その部分をまずはしっかり作らないと、タイトルに負けてしまいます。

舞台上で「私はハムレット」と言うのは自由ですが、演技に説得力がなければ誰も信じてくれません。他の役も同様です。悪辣なクローディアス、可憐なオフィーリア、正義感あふれるレアティーズ。それぞれの役がしっかり演じられてこそ、タイトルにふさわしい物語が現れます。

一方、本作は稽古場でのシーンが半分を占めており、ドラマの駆動力となっています。みなさんの日常を演じますので、異国のドラマチックな劇中劇(『ハムレット』)とは違う、生々しいリアリティがないと、やはり説得力に欠けてしまいます。

そこで、意識してもらいたいのは「落差」です。私たちが「おもしろい」と感じる映画やドラマには、必ず落差が仕組まれています。たとえば、一番頼りなさそうな人が最強の救世主だった。いつも笑顔で優しかった人が凶悪犯だった。私たちはその落差を痛快に感じたり、恐怖したりするわけです。

シェイクスピアの『ハムレット』も、平たく言えば落差の物語と言えなくもありません。デンマークの王子として理想の姿を体現してきたハムレットが、猜疑心に満たされ醜悪な現実に悩み始める。それを発端に、ハムレットは人間の究極の落差をも自身に問いかけます。「生きてとどまるか、消えてなくなるか、それが問題だ」

同様に稽古場の登場人物も、それぞれが落差に悩んでいます。理想的な自分と現実の自分、将来への期待と不安、生きやすさと生きにくさなど、人間ならば誰もが感じる二項対立の狭間にいます。だったら、そういう落差をわからせる表現を相手にぶつければいいのです。

声や動きの大小、速い動作と遅い動作、笑顔と泣き顔、落差をつけられる表現はたくさんあります。内面にしても、喜びと悲しみ、冷静と怒り、愛情と憎悪、いくらでもありますね。そういう落差をしっかり意識しながら、一場面ずつを丁寧に、ときには大胆に演じていく。そうすれば、劇中劇と稽古場の落差、ハルミの病気を知る前後の落差など、ドラマを彩る落差が必ず生まれ、きっとお客様に楽しんでいただけます。

とにかく演劇を、演じることを楽しんでください。そして、その楽しさをお客様にも伝えてください。これはそういう作品です。

【初演】二〇〇九年、東京・杉並区立阿佐ヶ谷中学校。
【受賞】日本演劇教育連盟「2010年子どもが上演する劇脚本募集」入選
【作者】小沼朝生（おぬま・あさお）――東京・公立中学校演劇部外部指導者、俳優。

幸せのバトン

照屋 洋

大地震で倒壊した建物のがれきの下から
母親の体で守られた赤ちゃんが救出された。
赤ちゃんは成長し、中学生となりバトンの練習に打ち込んでいる。

上演＝東京・調布市立第六中学校演劇部

登場人物

A　少女「川井愛子」
B　母
C　妹「里子《りこ》」
D　父
E　小さい頃の少女
F　中学の同級生・女
G　中学の同級生・女
H　中学の同級生・女
I　中学の同級生・女
J　ニュースキャスター・女
K　現場のリポーター
L　バトンの先生
M　バトン教室の仲間
N　バトン教室の仲間
O　バトン教室の仲間
P　バトン教室の仲間
Q　バトン教室の仲間
R　バトン教室の仲間
S　ニュースキャスター・男
T　中学の同級生・男
U　中学の同級生・女
V　中学の同級生・男
W　中学の同級生・女
X　中学の同級生・男
Y　小さい頃の妹
Z　消防隊員

一

音楽　シューベルトの「アベマリア」とともに幕が開く。ホリゾント薄い青。全体も薄い青と明るい白のイメージ。下手奥に一間×一間の平台。あちこちに白、青の球（フィットネスボールのようなもの）が置かれている。

赤ちゃんをくるんだ「おくるみ」を思わせる白い布を持った人たち、白い衣装を着、明るい光の下、誕生の喜びのダンスを踊っている。


突然、音楽が止まり、地震が起きる。

音楽が変わり（天野正道「おほなゐ」二分半すぎたあたりから）、逃げまどう人たち。

（ここからは、ダンスで表現）建物が壊れ、人々ががれきの下敷きに。

火事になる。（球は片付ける）

建物の外に投げ飛ばされていた母、赤ちゃんがまだ中に残っているのに気付き、中に入る。

死んでいる夫を見つける。

近くに、まだ生きている自分の子を見つけるが、建物が崩れ、二人、下敷きになる。

母、とっさに四つん這いになり、赤ちゃんをその下で覆うように守る。全体ストップモーション（ここまで「おほなゐ」から一分ほど）。ストップモーション直後、音楽が変わる（カッチーニ「アベマリア」）。逃げ惑う人たち、スローモーションになる。やがて、一人、また一人と倒れていく。

音楽ＦＯ。鎮火する。静けさ。


ほぼ一日たち、夜が明ける。

がれきの中、消防隊の生存者の捜索。

一人の隊員（Ｚ）、少しの間捜索するが、見つからず、退場。

隊長（Ｄ）登場。同じように捜し、いないと思って去ろうとするが、ふと何かの気配を感じたようにもどり、子を覆うようにしている母を発見。

近くに倒れている父の死亡を確認後、母の下にいる赤ちゃん発見。

D　おーい、生存者がいたぞ！

さっきの隊員もどり、Dとともに赤ちゃんを助け出す。母の手に携帯電話があるのを見つける。

Z　隊長、こんなものが……

D、携帯電話を受け取り、読む。

D　なんということだ……

暗転。全員、退場。

二

上手にニュースキャスターの二人。ニュース本番中である。

J　昨日七時三〇分に起きた千葉県沖大地震は、四つ川町の半数の建物を崩壊させました。

S　まだ、多くの人が崩れた建物の下で助けを求めているもようです。警察、消防が千人体制で夜を徹して生存者の捜索に当たっていますが、建物の崩壊が激しく、捜索は困難を極めています。

J　只今ご覧になっている映像は、もっとも被害の大きかった四つ川内科・産婦人科病院の現在の様子です。

S　この病院は、内科一般外来の建物が火事になったことで、入院患者の多い産婦人科病棟への類焼が心配された所です。

J　そうですね、幸い一部を燃やしただけで全焼はまぬがれましたが、建物の崩壊が激しく、依然生存者の救出が困難な状況です。

S　やがて、地震発生から丸一日たとうとしていますが、現在の現場の様子はどうでしょうか。

J　四つ川内科・産婦人科病院の前にレポーターの〇〇さんがいますので、伝えてもらいましょう。〇〇さーん。

K　はい、私、只今、四つ川内科・産婦人科病院の前に来ています。まだまだこのがれきの下にはたくさんの方がいらっしゃると想像されるのですが、多くが赤ちゃんとそのお母さんということで、その体力を考えると、早い救出が望まれる所です。

S　〇〇さん、先ほど一人、赤ちゃんが助け出されたとの情報が入っていますが……

K　はい、そうなんです。救出した消防隊の方に来ていただいていますので、お話を伺ってみたいと思います。(Dに) ご苦労様です。救出した時の様子をお聞かせ下さい。

D　はい、さきほど生まれて間もないと思われる赤ちゃんの生存を確認いたしました。

K　けがの状況は？

D　全くの無傷でした。奇跡と言ってもいいでしょう。

K　どうして何の傷もなく、助かったのですか？

D　私が発見したときは、そのお母さんと思われるかたが、赤ちゃんを守るように四つん這いになっていて、その下に赤ちゃんを抱えていました。

K　お母さんは、ご自分の体で倒れてくるがれきを受けたのですね。

D　そうです。お母さんの背中には太い柱が載っていました。

K　まさに、母の愛が赤ちゃんを助けたのですね。そのお母さんの様子は……

D　救出し、すぐに病院に運ばれましたが、その後のことはわかりません。ただ、手には携帯電話がありました。

K　助けを求めていたのですね。

D　いいえ、そうではありませんでした。開いたままであった画面を私は見てしまったのですが、そこに書かれていたのは………

J　〇〇さーん、すみません、スタジオにマイクを戻します。新しい情報が入ったようです。只今現場からお伝えした赤ちゃんとそのご家族ですが、お父さんの死亡が確認されました。お母さんは依然、予断をゆるさない状態が続いているようです。赤ちゃんは元気で、さきほどもミルクを飲んだようです。

S　そうですか。お母さん、赤ちゃんのためにもがんばってほしいですね。では、次のニュースです。………

Jのせりふ中に、DK退場。
Sは口パクになり、ブルー暗転。
JS退場。

やや明るくなり、音楽（「アメリのワルツ」『アメリ』より）。ダンスを踊りながら装置片付け。

一人が、「19X0」から「19X6」まで七枚の紙を持ち、踊りながら一枚一枚めくり、六年たったことを示す。

三

少女の子どもの頃。概ね六歳。

子どもたち、バトンを踊っている（「We Rock」『CAMP ROCK』より）。

L　はい、練習終わり。集まって。
みんな　はーい。
L　みんな、緊張してますか？
みんな　はーい。
L　楽しみですか。
みんな　はーい。
L　きっと、おうちの人も楽しみにしていますよ。みんなのお父さん、お母さんは見にきますか？
みんな　はーい。（Eだけちょっと元気ない）
Q　先生！
L　なーに。
Q　あしたの発表会の日って、愛子ちゃんの誕生日なんだよ。
みんな　（口々に）へーそうなんだ。愛ちゃんおめでとう。（等々）
P　あしたって、六年前におっきい地震があった日だよね。
みんな　（口々に）へー。そうなの。愛ちゃん。（等々）

愛子（E）、うなずく。

N　じゃあ、愛ちゃん、地震の日に生まれたの？
O　違うよ。生まれた日に地震があったんだよ。
M　何が違うの？
L　カレーライスとライスカレーの違いみたいなもんかしらねえ。
R　先生、わけわかんない。
L　ですよねぇ。
みんな　先生！
L　あっ、えっと、おうちの人はビデオ撮るのかな。

みんな （口々に）うち撮る。うちも。私のうち、カメラだけ。（等々）
M　うち、おじいちゃんが撮る。
N　えー、おじいちゃんが？
M　うん、この間カメラ撮ったら、おじいちゃん、手ふるえていて、ぜーんぶブレちゃったから、ママが怒って、あしたはカメラだめだって言われてた。
O　ビデオだってブレるよ。
M　うちのビデオ、ブレないもん。
O　ブレるもん。
M　ブレないもん。
O　ブレる。
M　えーん（泣く）
L　大丈夫。最近のビデオ、よくできているのよ。
P　そうだよ、愛ちゃんちのママ、目が見えないのにビデオ撮ってたもん。
みんな （口々に）えーホント？　愛ちゃんちのママ、目が見えないの？
E　うん……
Q　どうやって、ビデオ撮るの？
E　あ……うん……パパに手伝ってもらって……
R　パパが撮らないの？
E　パパはカメラなの。
N　でもどうやるの？
E　うん……少しだけ光が分かるから。舞台の光が分かるから。
Q　へー大変だね。
L　愛ちゃんちのママは目が見えなくたって何でもできるのよ。明日の発表会の衣装もお母さんが作ったのよ。
みんな へー、すごーい。
R　うちはママよりパパのほうが上手だから今度の発表会の衣装、パパが作った。
みんな えー。
P　そうだよ。Rちゃんちのパパ、お裁縫、お料理、お洗濯、お掃除、なんでも得意なんだよ。この間Rちゃんちに遊びに行ったら、パパがエプロンして台所に立っていて、ママがリビングであぐらかいて新聞読んでた。
みんな へーすごーい。
Q　それって単にやらされているだけなんじゃないの。
R　違うもん。パパが好きでやってるんだもん。
O　やんないとぶたれるんじゃないの？

R　ぶたれないもん。
O　あー、ぶたれるんだ。
R　ぶたれない。
O　ぶたれる。
R　ぶたれない。
O　ぶたれる。
R　えーん。（泣く）
L　（ちょっとあせって）Oちゃん、お友達にいやなことばかり言わないの。
O　えーん（泣く）
M　あー、先生、泣かした。
P　先生、この間、駅前で男の人泣かせてたよ。
みんな　えー――。
L　あ、いえ……なに……
P　どうしてあなたはそうなの、とか言ってた。
O　あー彼氏だ。
N　あー見た見た。なんか、そばにするか、うどんにするかでもめてた。
Q　……先生って、そんなことでもめるの？
L　あ……いや……
P　それで男の人、ねぎでぶたれて、泣いてた。
M　ねぎで？
L　あ、あの、Pちゃんは、お友達のおうちのこととか、先生のこととか、よく知っているのね。
P　うん、先生のこと、まだ、いっぱい知ってるよ。
L　ドキッ。
N　なーに何？　聞きたーい。
みんな　聞きたーい。
P　いいのかなあ、言って。
L　あ、先生は、言われて困ることはありません。
P　じゃあ、言っちゃおうかなあ。聞きたい？
みんな　聞きたーい。
P　あのね、この間の日曜日にね。
みんな　うんうん。
L　あー―――――（妨害しようとする）
R　先生、大人げないよ。
Q　あー知ってる。男の人と、イトーヨーカドーで喧嘩してた。
みんな　また喧嘩？
R　あ、そうそう。もう知らない、とか、もう別れる、とか言って、にんじん投げてた。（にんじん出す）
N　今度はにんじんなんだ。

O　なんでにんじん持ってるの？

R　私の必需品。

みんな　あー。（妙な納得）

L　あなたたち、見てたの？

P・Q・R　うん。

M　その男の人とは別れたの？

N　だーれ？　彼氏？

L　もう、どうでもいいでしょ。そんなことより、明日の発表会、がんばりましょうね。

みんな　はーい。

L　じゃあねさよなら。（そそくさと帰る。「だって、ねぎなら蕎麦でしょ。」等、言いながら）

みんな　（口々に）さようなら。先生さようなら。もう喧嘩しちゃだめだよ。

全員退場。

四

照明変わる。少女の家の中。

母、明日の衣装をきれいにたたんでいる。近くにE。バトンの練習をしている。時々母の方を見る。父、帰ってくる。

D　ただいま。

B・E　おかえりなさい。

D　お、明日の愛子の衣装か。かわいいなあ。

Y　いいなあ、おねーちゃん。里子もかわいい衣装着たいなあ。

E　……ねえーパパ。あした、パパは来れないの？

D　うん、ごめんね。パパはあしたは遅番で抜けられないんだ。

E　やだー。パパ来て。

D　だめなんだよ。本当にごめんね。

E　やだ。ママよりパパが来て。

B・D　…………

D　愛子…………

E　だって、ママ、見えないんだもん。愛子が踊ってるの、ママ、見てくれないもん。（音楽・S.E.N.S「Forgiving」）

D　愛子…………

Y　おねーちゃんひどい。

E　ビデオだって、カメラだって撮れないんでしょ。みんなのうち、パパもママも来て、ビデオ撮ったりカメラ撮ったり。いいなあ。Mちゃんちなんか、おじいちゃんも来てビデオ撮るんだよ。愛子のママはなんで目が見えないの？

B　………ごめんね………

E　やだよ愛子。だって、見て欲しいんだもん愛子の踊る姿、ママにも見て欲しいんだもん。（泣く）

B　愛子……ごめんね。本当にごめんね。

D　あやまらなくていいよ、ママは。

B　ごめんね、愛子。でも、ママには愛子の踊る姿が見えるよ。どんな顔で、どんな姿で踊っているか、ママには見えるよ。

E　うそ。見えるわけないじゃん。ママのうそつき！（去る）

Y　おねーちゃん！

B　……仕事……休めない？

D　ああ。それに、やっぱり君が行くのがいいと思う。

B　………ありがとう。

全体暗くなり、下手の父にサス。

父の独白。

D　発表会の日、私は仕事を休み、こっそり見に行くことにした。愛子は立派に踊っていた。里子がお母さんを助け、ビデオを撮っていた。
お母さんは、目が見えるかのように舞台を直視し、そして、涙を流していた。悲しい涙ではなく、さびしい涙でもなく、愛子に対する、愛情いっぱいの、いとおしい涙であった。

そんな家族であった。

しかし、やがて愛子も思春期に入り、難しい年頃になった。

中学三年のある日、体調を壊した愛子は、精密検査を受けた。

結果は異状無しだったが……


サス消える。音楽FO。

五

明るくなる。外。

C　何よ、おねーちゃん。話って。
A　ねえ、里子《りこ》。里子は自分の血液型、知ってるわよね。
C　うん。小さいころ調べてもらった。
A　何型？
C　Ａ型。
A　パパとママのも知ってるわよね。
C　うん、おねーちゃんだって知ってるでしょ。どうしたの？
A　だから、パパとママの血液型は何？
C　確か、パパはＡ型。ママはＯ型。
A　じゃあ、私のは知ってる？
C　おねーちゃんの？　そういえば聞いたことなかったかも。Ａ？　Ｏ？
A　考えてみれば、私、自分の血液型を知らないまま中学三年までいたのよね。うかつだったわ。何でそんなことに気付かなかったのかしら。
C　なーに？　何を言ってるの？
A　私、病院で精密検査をうけたでしょ。
C　うん。何でもなくてよかったじゃない。
A　それはそうなんだけど。血液検査をしたおかげで、自分の血液型を知ることになったの。
C　……うん………それで………
A　……Ｂだったの。
C　え⁉　Ｂ型？　まさか。だって……
A　そうなの。ＡとＯからＢが生まれるわけないの。……私………
C　おねーちゃん、違うよ。何かの間違いだよ。
A　私はいったいどこから来たの？　私は誰なの？　本当のパパとママはどこにいるの？（泣く）
C　おねーちゃん……
A　………ママだわ。
C　え？
A　本当のママはきっとどこかにいるのよ。今のママは本当の私のママじゃない。
C　何言ってるの、おねーちゃん！
A　もういいわ。里子、この話、パパとママには内緒よ。わかった⁉
C　う、うん。わかった。言わないわよ。
A　先に帰ってて。
C　おねーちゃんはどうするの？

A　どっかで頭冷やしてから帰る。
C　うん……。遅くならないようにね。

A、C、反対方向に退場。
家の中の明かりに変わる。
母登場。C、後ろから追ってくる。

C　ママ無理よ。こんな時間に。もう十一時過ぎてるのよ。危ないからやめて。
B　暗くたってママには関係ないの。大丈夫。
C　そういうことじゃなくて。おねーちゃん、もうすぐ帰ってくるよ。
B　どうして分かるの？　連絡もしないでこんなに遅くなったこと、今までにないでしょ。
C　大丈夫よ。おねーちゃん、ちょっと悩みがあったのよ。
B　里子。何か知ってるの？
C　あ、いや、そうじゃないかって……あっ、帰ってきた！
B　お帰り。遅かったわね。どうしたの？（臭いに気づき）愛子、もしかして、
C　おねーちゃん、お酒臭い。
B　愛子！　何してきたの！　どこにいたの！
A　おまえに関係ないだろ！
B　愛子！
C　おねーちゃん！（二人同時に）

ブルー暗転。
学校の教室。箱で表現。

六

T　おい、川井。お母さん来てるぞ。
A　え！（見に行く）

男子たち、様子を見る。

B　傘……雨がひどくなったから……。それにバトン、忘れたと思って……
A　今日は練習ないの。余計なことしないで。

少し離れた場所で、男子たち。

T　おい、あいつのかーちゃん、川井の方、見てないぞ。
U　え？　どういうこと？
V　目が見えないんだろ。白い杖持ってる。
W　ホントだ。
X　よく、杖ついて歩いているのを見るぜ。

しばし、やさしくない会話。

A　そんな杖ついてこないでよ。恥ずかしい。
B　……ごめんね……
A　みんないるんだから。
B　傘……どうする？
A　いらない！　持って帰って！
B　でも……
A　もういいわよ。（傘をひったくる）もう、絶対に来ないで。杖なしで歩けないんだから。

母、去る。
A、友達の所にもどる。

A　全く……
F　愛子……
A　何。
F　お母さん、服、汚れてたよ。
A　え?!
F　転んだんじゃないの。
V　ヒザから血、出てたし。
A　知らないわよ。私のせいじゃない。いやなの、ああいうの。パパはなんであんなやつと結婚したのかしら。
W　おまえの父ちゃん、母ちゃんの目が見えない時からつきあってんの？
G　「W」！
H　きっと大恋愛したのよ。素敵！
A　（嘲笑する感じで）そんなんじゃないわよ。
U　きゃあ、ロマンチック。
X　二人で夜の星を見に行こう。
A　ふざけんなよ。
G　あんたたち、どっか行って。シッシッ。
I　今日下駄箱掃除じゃないの？
V　あ、そうだった。

T　ヤバッ。行こうぜ。○○先生に××される！

男子、去る。

F　気にしない方がいいよ。
A　もうやだ。あの人。
I　私、後でパンチしてくる。
A　じゃない……ママ。
F・G・H・I　え?!

少しの間。

H　やさしいじゃない、愛子のママ。
I　そうよ、うちのママなんか、傘持ってこないから。
G　愛子のママ、なんでも出来るじゃない。バトンの発表会の時のドレスだって作っちゃうし。
H　世界でたった一人のお母さんよ。
A　違うわ。
みんな　え?!
A　ううん、何でもない。
F　ねえ、愛子。このごろ悪い先輩たちとつきあってない？
A　関係ないでしょ！　Fに。
I　みんな心配してるよ。この頃変わったって。
H　ねえ、友達でしょ。何かあったんだったら、話して。
G　そうよ。私が悩んでいた時に、愛子、聞いてくれたじゃない。今度は私たちの番。
A　きっと分からないわよ。私の気持ちなんか。
I　分かるわよ。
A　わかんない。
F　話してみたら。
A　いや！
H　愛子。
A　もううるさい！　今日はむかつくことばっか。どいつもこいつもむかつく！

A、出て行く。

みんな　愛子！

ブルー暗転。

F・G・H・I、箱を部屋の形にして退場。

母、箱に座って編み物をしている。
妹、テレビを見ている。
A、入ってくる。

七

A　なんで学校に来るんだよ。
B　愛子が困ると思って。
A　余計なことするなよ。うざいんだよ。
B　………ごめんね。
A　二度と学校に来るなよ。
B　だって……面談はどうするの。
A　パパに来てもらう。
B　パパは忙しいから無理よ。ママで大丈夫。話はきちんと聞けるわ。
A　(強く）おまえが来るのがいやなんだよ！
C　おねーちゃん！
A　なんだよ。おまえなんかにわかんないよ。
B　………ごめんね…………(音楽・吉俣良「カンパニュラ」)
C　何が不満なの?! ママ、すごくがんばってるよ。こんなにやってもらって、何が不満なの？
A　全部。
C　何言ってるの。好きな習い事させてもらって、きれいな衣装も作ってもらって。私なんかうらやましいくらいだよ。
A　あんただって、ピアノやらせてもらってるでしょ。里子のはね、聞こえればわかるの。でも、私は見て欲しかったの。いつも見てほしかったの。私がどんなふうにバトンを回しているのか。投げたり、とったり。できなかった技《わざ》ができるようになったときなんか、ママに見てほしかったの。私がどんな顔で踊っているのか。笑っている顔、緊張してなきそうになっている顔、上手にできて得意げになっている顔。舞台の上からママを探すの。もしかするとママは目が見えていて、私を見てくれているのかもしれない、そんなことも思ったりしたわ。でもいつもママはまっすぐに前を見ているだけ。私がセンターにいようと、隅の方にいようと、ママはまっすぐに見ているだけ。私がどこにいようと、ママには見えないの。ママは、ママは……私を見てくれないの！

B　愛子。……ごめんね。本当にごめんね。
C　そんな……ママのせいじゃないじゃない。あやまらなくていいよ、ママ。おねーちゃんはわがままだよ。ママはいつも一生懸命だよ。ハンディがある分、他のママよりずっと一生懸命だよ。こんなママ、いないよ。
A　里子にとってはね。でも、里子と私は違うの。
B・C　え!?

間。それぞれの思い。

A　――しばらく帰ってこないから。
C　おねーちゃん！（一、二歩追うが、振り向いて）ママ！　どうしておねーちゃんに甘いの？　もっと怒ったら。
B　…………
C　ねえ！　どうして！
B　愛子が赤ちゃんの時ね、高熱を出した時があって。でも、ママは気づかなくて。隣の部屋で寝ている愛子がそんな状態なのに気づかず、パパの食事の支度をしていたの。パパが帰ってきて、愛子の異変に気づいて。そして、救急車を呼んだの。肺炎を起こしていて……もう少し遅かったら、大変なことになっていたって、パパがお医者さんから怒られていたのが聞こえてきて……ママは……ママは……母親失格なの。こんなことばっかりなの。愛子の言うとおりだわ。愛子のかわいい姿を、ママ、見てあげられないもの。（少しの間）愛子が幼稚園の時ね、ママの顔をかいて幼稚園の先生にほめられたことがあったの。それで、大喜びで帰ってきて、ママ！ママ！　ママの絵をかいてほめられたよ。ママ見て！って…………それから、愛子が何をしたと思う？ママの手を取って、「愛子がなぞるからママ、見て。」って……。愛子はそういう子なの。やさしくて……
…………寂しかったろうな……
C　ママ。
B　なーに。
C　……ありがとう。

ブルー暗転。音楽ＦＯ。

八

夜の公園。

愛子。悪い仲間とタバコ、お酒。

ダンスで表現（「Just That Girl」『アナザーシンデレラストーリー』より）。ダンス終わり、愛子残る。

父登場。

D　愛子…………
A　パパ……
D　…………今日は、バトンの練習、あるんじゃないのか。
A　今日は休む……
D　……四日も帰ってないで……
A　…………もっと怒られるかと思った。
D　夏美さんのお父さんとは、同じ職場なんだ。
A　…………
D　愛子が毎日泊まりに来てるらしいって。
A　……そうなんだ。
D　夏美さんのお父さんも困っているぞ。年頃の娘は難しいって。
A　（悲しく笑う）
D　それから…………里子から聞いた。
A　え？……あいつ……
D　四日も帰ってこなかったら、言うだろ。

少しの間

A　ねえパパ。本当のことを教えて。私のママは誰なの？
D　今のママが、おまえのお母さんだよ。
A　違うの。私を生んだお母さんはどうしたの？
D　だから、今のママだよ。
A　だって、私だけ血液型が違うじゃない。（少しの間）お願い。私、どんなことでも受け止めるから、本当のことを教えて。私は知りたいの。
D　愛子……
A　お願い、パパ……
D　…………今まで黙っていてごめん。
A　やっぱり本当のお母さんは、私が生まれた時に死んじゃったのね。
D　なぜそう思うんだ？
A　だって、私の生まれた日って、あの千葉県沖大地震の起きた日なんでしょ。私が生まれた病院って、全壊したんでしょ。
D　愛子、よく聞いて。
A　うん。
D　今のママは、本当に愛子のお母さんなんだよ。
A　だって、
D　違うんだ。違うのはパパの方なんだ。（音楽・モーツアルト「アヴェ・ヴェルム・コルプス」）
A　え?!　なんだって?!
D　パパは愛子の本当のパパではないんだ。おまえを生んだ母さんは、ママは、今のママなんだ。おまえのことを心から愛している、今のママなんだ。
A　どういうこと！
D　あの地震の日、愛子は生まれた。本当に祝福されて、おまえは生まれたんだ。そしておまえの本当のお父さんとママと二人で、病院のベッドでスヤスヤ寝ている愛子を見ていた時、その幸福の絶頂の時、あの地震が起きた。
A　…………
D　本当にひどい地震だった。その時、ママと愛子とおまえのお父さんは、病院を出ようと一階のロビーにいたそうだ。初めの揺れが収まって、三人で病院を出ようとしたその時、二回目の大きな揺れが来た。おまえのお父さんは、崩れた太い柱の下敷きになり、お父さんの腕から落ちたおまえは、柔らかい玄関マットの上に投げ出されていた。ママは幸いケガはなかった。すぐにマットの上にいたおまえを見付け、走り寄ったその時、すごい音を立てて天井が崩れてきた。とっさにママは、おまえを助けようとマットの上に飛び込み、四つん這いになって、おなかの下でおまえを守ったんだ。そして、天井が落ちてきた。
A　ママー！
D　ママの背中には、崩れた天井が載っていた。ママは耐えた。助けを待った。ママは、私たち救助隊が来るまで、実に二十時間も耐えたんだ。
A　ママは、私を助けるために……
D　そう。ママは命をかけて愛子を守ったんだよ。
A　ママー！
D　そして、病院の隣の建物から火が出た。幸いママのいるところまでは燃えなかったが、倒れてきた柱で、頭を強く打ったらしい。
A　それでママは?!　ケガは?!
D　…………ママに言うなと言われているのだが……

A　その時目をやられたのね。(泣く) ママは……私を助けるために……それなのに、私は、ママの目のことを……でも、ママは一言も言わなかった……

D　おまえを本当に愛しているからだよ。

A　私……なんてひどいことを……

D　ママはだんだん遠ざかる意識の中で、死を覚悟したのだろう。持っていた携帯を取り出し、おまえにメッセージを残したんだ。パパはそれを自分の携帯に残している。読もうか。

A　うん。

D　(携帯をとりだし)「私のかわいい愛子。もし、あなたが生き延びたら、私があなたを愛していたことを、どうか忘れないでね。」

A　ママー (泣き崩れる。少しの間)

D　地震で崩壊した街を、生存者を捜して歩いた救助隊の隊長がパパなんだよ。

A　パパ。

D　病院は、あまりにもひどい崩れ方だった。おそらく誰も生きていないと思って、通り過ぎようとしたその時、何かに呼ばれた気がしたんだ。

A　ママね。

D　いや、ママはもうその時は意識がなかった。

A　じゃあ、何?

D　わからない。たぶん、おまえを何としてでも助けたいと思ったママの思いなのだろう。

A　………

D　パパは、愛子とママを見つけた。愛子は気絶していたのだろうけど、ママのおなかの下で安心して眠っているように見えた。本当にかわいかった。ママのおなかの下からおまえを助け出した時…………ママは死にかけていた。

A　ママ!

D　仲間の救急隊が駆けつけ、重機を使ってがれきの下からママを助けた。その時ママの手から落ちた携帯にさっきのメッセージが残されていたんだ。

A　ママ……

D　いろいろな事情があって、少しの間、おまえを預かることにした。ママは奇跡的に助かった。きっと、愛子に対する強い気持ちがママを救ったのだろう。意識が戻ったママに、愛子が無事であることを伝えた。数日後、ベッドから起き上がれるようになったママは、愛子を抱かせて欲しいというんだ。すぐ隣に愛子が寝ているのに。

ママは、目が見えなくなっていた。


音楽FO。

A　私、家に帰る。
D　パパはこれから署に戻るから、気をつけて帰ってな。
A　うん。（帰りかける）
D　なあ、愛子。
A　なーに？
D　パパは、愛子のパパになれたんだろうか。
A　パパはパパだよ。
D　ありがとう。
A　大好きだよ、パパ。
D　パパは、いつも持っている物があるんだ。（カバンから出す）おまえの赤ちゃんの時の写真と、それから、これだ。
A　絵本？
D　お前が生まれた時、おまえの本当のお父さんが作った、世界でたった一つの絵本だよ。
A　え?! お父さんが？「愛子が生まれた日」
D　読んでごらん。
A　（読む）「愛子、生まれてきてくれてありがとう。愛子が生まれてくることを、お母さんもお父さんも、どんなに楽しみにしていたことか。本当に今日はうれしい日だ。お母さんとお父さんほど幸せな人はいないよ。これが、おまえの生まれたときの手形。こっちが足形。」（Dを見て）墨で手形と足形がある。
D　（うなずく）
A　（読み続ける）「かわいいなあ。こんなにちっちゃい手で。足で。
愛子。なんていとおしいんだろう。

これから、いろんなことがあるだろう。でも、いつも、お父さんとお母さんは、おまえの味方だよ。

そして、立派に成長して、いつか、きれいな花嫁衣装を着るのだろう。

お母さんは、泣くだろう。お父さんも泣くかもしれない。

でも、楽しみだなあ。やがて孫も出来るだろう。そうやって、命のバトン、幸せのバトンがつながれていくんだよ。

お父さんもお母さんも全力でお前を見守るからね。愛子、生まれてきてくれてありがとう。」
D　パパは時々それを読んで、お前のパパになろうとがんばったんだ。
A　（Dの方を見ずに）私は幸せだなあ。だって、本当のパパが二人もいるんだもん。
D　愛子。
A　帰るね。
D　ああ、気をつけてな。
A　うん。……今帰ったら、ママ起こしちゃうかな。
D　たぶん起きてるよ。おまえが家を出てから、毎晩遅くまで真っ暗な部屋でテレビを見てるから。
A　テレビ？　目が見えないのに？
D　まあ、行ってごらん。
A　うん、わかった。帰るね。パパも気をつけてね。（走り出す）ママ、ごめんなさい。
私、間違ってた………

走って家に帰る。
ブルー暗転。
真っ暗な部屋。母、一人テレビを見ている。愛子、入ってくる。

A　ママ！
B　愛子？　帰ってきたの？
A　ママ！（走り寄る。抱き合う）
B　お帰り。（音楽・「愛のテーマ」『ニューシネマパラダイス』より）
A　ママ、真っ暗な部屋で一人で……
テレビつけっぱなしで……
B　おかしいでしょ。見えないのにね。
A　ママ、これって……私が小学生の時のバトンの発表会のビデオ。毎日これを見てたの？
B　そうよ。ママには見えるの。愛子がどんな顔でどんなふうに踊っているのか。技だって何やってるかわかるわよ。
A　え？
B　バトン持ってきてごらん。

A、持ってくる。

B　ここで愛子はたぶん、フラットリストをやって、それから、フローリッシュ、このあたりからフィギュアエイトかな。

A　ママ！

B　私もやってたのよ、バトン。だから、愛子がやりたいっていった時、やっぱりママの子ねって思ったわ。

A　ママ！（抱きつく）私のママ。……ごめんなさい。

B　何が？　何もごめんなさいはないのよ。それより、生まれてきてくれて、ありがとう。生きていてくれて、ありがとう。ママの子になってくれてありがとう。

A　ママ、私……

B　何も言わなくていいのよ。

A　ママ、ありがとう。（わずかに間）
　神様がたった一つだけ私の願いを聞いて下さるなら、ママの目を治して下さい。

B　ママはこのままでいいのよ。愛子の顔、ちゃんと見えるわ。（ほおに触れる）愛子。

A　なーに、ママ？

B　ママの部屋のクローゼットの一番下に、白い袋があるから、持ってきてくれる。

A　いいわ、ママ。

　取りに行く。戻ってくる。

A　バトンが入ってるみたい。それから、

B　そうよ。ママが昔使っていたバトン。ちょっとさびているでしょう。それから、愛子が、幼稚園の時かいてくれたママの顔の絵。

A　ママ、そんなのとっておいたの？

B　そうよ。ママにとっては大事な絵なの。愛子、あのときどんなことをママにしてくれたか覚えてる？

A　え、私何かしたの？

B　あのとき愛子はママの手を取って、絵をなぞってくれたの。

A　そうだったんだ。

B　また、やってくれる？

A　いいわ。

　A、Bの手を取り、指で顔の輪郭をなぞる。
　平台の上で、小さい時の愛子（E）がママの顔の絵を描いている。A、Bと全く同じ動きで。

A　思い出したわ。ええ、こうやって、ママの手でなぞっ

たわ。思い出したわ。ママの手のぬくもり。やさしさ……何も変わっていない……（手をほおにつける）

B　今の愛子の顔も。（愛子の顔に触れる。やさしく、いとおしく。音楽FO）

A　ママ、バトン、踊って。

B、踊る（リベラ「あなたがいるから」）。Aも途中から踊る。デュエットである。EもAと同じ踊りをするが、途中で退場。

やがて二人、振付けの中でセンターに寄り、母と子のバトンが美しく交差する。ストップモーション。そこにサス。周りの照明暗く、バトンだけが幸せの光を放っている。

——幕——

上演のてびき

照屋 洋

二〇〇八年五月二〇日、以下のような記事を見つけました。

「お母さんが愛していたことを忘れないでね。」

中国の四川大地震で、救出された男の赤ちゃんを抱きかかえるように死んでいた母親が、携帯電話に愛するわが子への最後のメッセージを残していた。新華社電が二〇日までに伝えた。

壊滅的な被害を受けた四川省綿陽市北川県で、地震発生翌日の一三日昼、救助隊員が倒壊した建物の瓦礫の下に女性が四つんばいの格好で埋まっているのを発見。隙間に手を伸ばして女性が死亡しているのを確認し、次の生き埋め現場に移ろうといったん離れた。しかし、救助隊員はなんとなく気になって戻り、四つんばいの女性の下を探した。

「赤ちゃんがいるぞ。生きてるぞ。」と大声で叫んだ。

瓦礫の撤去作業の末、毛布にくるまれた三、四カ月の赤ちゃんを救出。母親の体に守られ、けがもしていなかった。

医師が駆けつけ、赤ちゃんの健康状態をチェックした時、毛布の中に携帯電話を見つけた。

「かわいい坊や。もしあなたが生き延びたら、私があなたを愛していたことを絶対に忘れないでね。」

母親が瓦礫の隙間で打ったとみられる。(共同通信)

親の愛情、命がけで愛する者を守るということ。

私は、いつかこれを題材にした芝居を書きたいと思っていました。そうして出来あがったのが、「幸せのバトン」です。

四川大地震から三年後、日本でも東日本大震災という大きな災害がありました。大地震だけでなく、集中豪雨や土砂災害など、幾度となくさまざまな災害に見舞われ、その度に右の記事と同じようなことがたくさんあったのではないでしょうか。

「反抗期」だとか「思春期」だとか何かと難しい心の状態にあると言われる中学生のこの時期、親の愛情はぜひ考えて欲しいテーマのひとつです。これを書いたときは、受け持っていた子どもたちが、東日本大震災を受けて、当たり前だと思っていたことが当たり前ではないことに気づき始めた時でした。そして、日常の何でもないことに感謝をする気持ちを持つようになった時でした。私は、今がこのテーマに取り組ませるよい機会だと考え、書くことにしたのです。

難しい内容はなく、解説の必要もないので、上演する際の参考になることをいくつか書こうと思います。

まず、幕明けですが、誕生の喜びがいっぱいに出るような美しいバレエに仕上げて下さい。全員白のゆったりした布をまとうような衣装がいいでしょう。次の地震のダンスはそれを破壊するように。

地震のダンスの中で母が赤ちゃんを守る動きも入れて下さい。

場面転換が多いのですが、それが気にならないような工夫も必要です。例えば、「三」の前の場面転換は、赤鼻をつけたクラウンがワルツを踊りながら道具の移動と六年たったことを示す表示（「一九××年」でも「一年後」「二年後」……でもわかりやすい方で）をします。他の所もブルー暗転で美しく動いて道具の移動もみせましょう。

場面を表す装置は、シンプルに四角い箱だけで表します。特に大きな大道具や装置は必要ありません。その方が場面転換が早く出来ます。四角い立方体の箱をいくつか用意し、それを使って部屋のテレビやソファにしたり、公園のベンチやモニュメント、教室のいすや机を表したりしましょう。

不良の集まる公園のダンスは、愛子が何をしていたかがわかるように。

劇の中にダンスを入れるのは、すべて意味があります。ストーリーの一つとして必要なものであると考え、劇の流れが中断しないように工夫しましょう。

バトンはなかなかなじみのないものかもしれませんが、親から子へ、子から孫へと愛情や幸せが回り続け、つながっていくこと、回転するバトンが照明に照らされて美しいこと、主人公に道具を使った習い事をさせたかったことなどから、これを題材にしました。上演した時の演劇部員は皆バトンは初心者でしたが、指導された先生のおかげもあり、短期間でそれなりに出来るようになりました。ぜひ、挑戦してみて下さい。

無償の愛を貫き通した母と親の深い愛情に気づいた子の二人のラストシーンは、いろいろな誤解やすれ違いを経てわかりあえた母子にふさわしい息のあったバトンに仕上げて下さい。そして、愛情と幸せがつながっていくことを思わせる美しいストップモーションで幕を閉じて下さい。

上演後、愛子の、目の見えない母親に対する言葉が強すぎるのでは、もう少し柔らかい言葉に、というアドバイスと、中学生のこの時期、あえて傷つくのがわかっていてそういう言葉を吐いてしまうのでは、というご助言を頂きました。書きながら非常に迷ったところです。この部分は、上演するときに良いと思う言葉に替えて頂いて構いません。

劇中流す音楽は、細かく指定してありますが、特にダンスなどは自由に決めていただいて構いません。その他のBGMのところも他の曲を選んでいただいて構いませんが、一度脚本に書いてある曲を聞いてみることをお勧めします。私が脚本を書くときは、すでに音楽を決めていて、それを聞きながら台詞を書きますので、おそらくぴったり合うものになっていると思います。

台詞も音楽も演技もダンスも、子どもたちと一所懸命取り組み、素敵な舞台に仕上げてください。上演後、演じた人も観た人も優しい気持ちになって帰ってくれたらうれしいです。

【初演】 二〇一一年、東京・調布市立第六中学校。

【作者】 照屋 洋(てるや・ひろし)──東京・公立中学校教員、日本演劇教育連盟認定ドラマティーチャー、日本ダンス・セラピー協会認定ダンスセラピスト。

［主な作品］「転校生はロボット」(『演劇と教育』2005年11月号)、「彫刻の森へ」(同2007年6月号)、「ストーンパワー～水木しげる作『空想石』からの発想」(同2010年4月号、『中学生のドラマ9』晩成書房)、「チアリーダー伝説」(同2011年5月号)、「幸せのバトン」(同2012年11月号)、「新ゲーム・オーバー」(同2014年5月号)、「あの日から」(同2019年3＋4月号)

幸福な王子

原作＝オスカー・ワイルド　訳＝西村孝次（新潮社版）脚色＝辰嶋幸夫

名作『幸福な王子』の定評ある日本語訳のあじわいをそのまま生かし、
ナレーターと王子、つばめ、そして６人のコーラスたちで描く
献身的な人間愛の世界。表現の可能性に挑むドラマチックな朗読劇。

登場人物（男女９名）

幸福な王子

つばめ

ナレーター

コーラス１　市会議員・あし（葦）の仲間・美しい少女・パン屋等

コーラス２　ものわかりのよい母親・恋されるあし・針子・事務官・職工等

コーラス３　泣いている子・つばめの仲間・むすこ・すずめ等

コーラス４　失望した男・あしの仲間・恋人・劇作家・市長等

コーラス５　慈善学校の児童・つばめの仲間・すずめ・マッチ売りの女の子等

コーラス６　数学の教師・あしの仲間・鳥類学の教授・職工長・美術大学の教授等

プロローグ

中央に幸福な王子。それを取り巻くようにして、ナレーターとコーラスたち。

ナレーター　町の空高く、高い円柱の上に、幸福な王子の像が立っていました。全身うすい純金の箔がきせてあり、目にはふたつのきらきらしたサファイアが、また大きな赤いルビーが刀の柄《つか》に輝いていました。

コーラス1　風見の鳥みたいに美しい。ただそれほど役にはたたんがね。私はこの町の市会議員だ。

コーラス2　なぜ幸福な王子様みたいになれないの？　私は、ものわかりのよい母親。幸福な王子様はね、何かがほしいといって泣くなんて、夢にも思わないよ。

コーラス3　（まだ泣いている）

コーラス4　ほんとうに幸福な人間が、この世にだれかいるとは、うれしいことだ。

ナレーター　と、そのすばらしい像を見つめながら、失望した男が、つぶやきました。

コーラス5　天使そっくりだね。

ナレーター　と、あざやかな真紅の外套を着て、きれいな白い前掛けをつけて大会堂から出てきた、慈善学校の児童たちが言いました。

コーラス6　どうしてそれがわかる？　天使なんか見たこともないくせに。

コーラス5　ああ！　でも数学の先生。見たことあるんです、夢のなかで。

コーラス6　ふん。（まゆをひそめて、とてもこわい顔）

ナレーター　数学の先生は、子どもたちが夢をみることには、賛成しなかったのです。

コーラスたち　退場。（舞台の片隅へ行ってかたまる。以下退場はすべて同じ）

1

ナレーター　ある夜、一羽の小さなつばめがこの町の上空へ飛んできました。

つばめ、登場。ぐるぐる飛び回る。コーラス1、2、4、5（あしのグループ）登場。

ナレーター　友だちは六週間まえにエジプトへ行ってしまったのですが、かれだけはあとに残っていました。というのは……。
つばめ　一番美しいあしに、恋をしていたんですよ。春も浅いころ、大きな黄色い蛾を追いかけてね、川に舞いおりていた時さ、そのあしにあい、その細い腰が――。
ナレーター　すっかり気に入ったので、飛ぶのをやめて、あしに話しかけました。
つばめ　あなたを好きになっても、かまわないかしら?
コーラス2　（低いお辞儀《じぎ》をする）
つばめ　いい?!　いい?!　いい?!（あしのまわりをぐるぐる飛び回る）。
ナレーター　つばめは翼《つばさ》を水に触れて、銀色のさざなみを立てました。これがつばめの求愛で、それは夏のあいだじゅう、ずっと続きました。

コーラス3、5（つばめの仲間）登場。

コーラス3　ばかげたほれこみようだ。
コーラス5　あしには金もないし、それに、身内が多すぎるぜ。
ナレーター　じっさい、川原《かわら》はあしでいっぱいだったのです。

あしのグループ、しきりに風にゆれる。つばめ、なおも喜々として飛び回り、時おり川原の石の上にとまったり……。

コーラス3　うっ!　寒い!
コーラス5　おお、もう秋だよ、この風は。
コーラス3　まごまごしていられないぞ。南の国へ引っ越しだ!

つばめの仲間たち、飛び去る。

ナレーター　仲間がいなくなると、つばめはさびしくなり、恋人にも、いや気がさしてきました。
つばめ　だって話もしてくれないし、それに、なんだか浮気女みたいだな。いつも風とふざけあってるから。
ナレーター　たしかに、風の吹くたびに、あしはこの上なくしとやかなお辞儀《じぎ》をしたのです。

つばめ　なるほど出無精《でぶしょう》な女だ。しかしぼくは旅行が好きなんだから、ぼくの妻たるものも、旅が好きでなくてはいけない。ね、ぼくといっしょに出かけない？

コーラス2　（頭を横に振る）

つばめ　そうか。きみは、ぼくをおもちゃにしてたんだね！　ぼくはピラミッドのところへ行くよ。さようなら！（飛び去る）

2

ナレーター　一日じゅう、つばめは飛びつづけ、夜になってこの町に着きました。広場のまん中の高い円柱の上に、今夜も幸福な王子が立っています。

つばめ　（飛びながら）どこにとまろうかな？　町で用意してくれているといいんだがな。あ、あそこにとまろう。さわやかな風のかよう、いい場所だ。（幸福な王子の足もとにとまる）こりゃあいい！　純金のベッド・ルームだ。

　つばめ、寝る支たくをする。頭をつばさの下へ入れようとする。

つばめ　あ、冷たい！（空を見上げる）なんて奇妙なことだ。空には雲ひとつなく、星もよく冴《さ》えて、きらきらときらめいているのにさ。それなのに雨が降ってるなんて。北ヨーロッパの気候ときたら、どうにもやりきれないよ。あしは雨が好きだったけどさ、しかし、あれはまったく、あいつの身勝手というもんだよな。あっ！　また――（見上げて）雨よけにならないくらいなら、像なんてなんの役に立つというんだ？　ちゃんとした煙突を捜さなくちゃあ。

　つばめ、飛び立とうとする。そこへもう一滴――。

つばめ　ちきしょう！（像をふり仰ぐ）この役立たずめ！　あっ?!（動けない）

ナレーター　ああ、つばめは何を見たのでしょう？

つばめ　……泣いている。像が泣いている。

ナレーター　そうです。幸福な王子の目が涙でいっぱいになり、黄金のほほを涙が流れ落ちていたのです。王子の顔が月光を浴びてあまりにも美しかったので、小さいつばめは、あわれみの気持ちで胸がいっぱいになりました。

つばめ　あなたは、どなたですか？

王子　わたしは幸福な王子だ。

つばめ　それじゃあ、なぜ泣いてらっしゃるのです？

おかげでびしょぬれになってしまいましたよ。

王子　わたしが生きていて、人間の心をもっていたころは、涙とはどんなものか、知らなかった。宮殿に住んでいたからね。そこへは悲しみがはいることを許されていないのだ。昼間は仲間と庭で遊び、夜になるとわたしは、大広間でダンスの先頭に立った。庭のまわりにはとても高い塀がめぐらしてあったが、その塀の向こうには何があるのか、聞いてみたいとも思わなかった。

コーラス3　その塀の向こうに何があるのか、聞いてみたいとも思わなかった。

コーラス全員　聞いてみたいとも思わなかった。

王子　まわりのものがみんなそれほどきれいだったから。廷臣たちはわたしを幸福な王子と呼んだし、わたしもじっさい幸福だったのだ。もし、快楽が幸福であるとしたらね。

コーラス2　もし快楽が幸福であるとしたら……。

コーラス全員　もし快楽が幸福であるとしたら……。

王子　そんなふうにわたしは生き、そんなふうにわたしは死んだ。ところが死んでしまうと、みんなはわたしをこんな高いところに立てたものだから、わたしの町の醜さとみじめさが、すっかり見えてしまうのだ。

コーラス4　町の醜さとみじめさが、

コーラス全員　すっかり見えてしまうのだ。

王子　そしてわたしの心臓は鉛でできてはいるが、それでもわたしは泣かずにはいられないのだ。

つばめ　なんだって！　この像は金のかたまりじゃないのか？

コーラス全員　そうさ。金のかたまりであるものか。

王子　ずっと向こうの、ずっと向こうの小さな通りに、貧しい家が一軒ある。窓がひとつ開いていて、テーブルに向かって坐っている女の姿が、窓ごしに見える。

コーラス2、舞台の一角（貧しい家）に行って坐る。

王子　顔はやせて、やつれており、がさがさした、赤い手、針の傷だらけの手をしている針子でね、女王の官女《おつき》のなかでいちばんきれいなひとが、今度の宮中舞踏会で着る繻子《しゅす》のガウンに、トケイソウを縫いとっているのだ。

コーラス1　今度の宮中舞踏会で着る繻子のガウンにトケイソウを縫いとっているの。

コーラス4・5・6　トケイソウをね！

王子　部屋の片隅《かたすみ》の寝台には、その女の小さい男の子が病気で寝ている。

コーラス3、寝台へ行って寝る。

王子　熱病にかかっていて、オレンジをほしがっている。母親には川の水しかやるものがないので、子どもはおいおい泣いている。つばめさん、つばめさん。小さいつばめさんよ。この刀の柄《つか》からルビーをはずして、その女のところへ持っていってやってくれないか？わたしの足はこの台座に作りつけになっているので、動けないから。

つばめ　エジプトでは、私を待ってくれています。私の友達は、ナイル川を舞いあがり舞いおりして、大きなはすの花に話しかけています。やがてみんなは、偉い王様の墓場へ行って眠るでしょう。その墓場には、王様ご自身も色どりした棺《ひつぎ》の中にいらっしゃるのです。黄色いリンネルに包まれ、香料がたきこめてあります。首のまわりに、淡い緑色の硬玉の鎖がかかっており、しぼんだ木の葉みたいな手をしておられます。

王子　つばめさん、つばめさん、小さいつばめさんよ。一晩だけ私のところにいて、お使いをしてくれない？あの男の子は、のどがからからになっているし、母親は心から悲しんでいる。

つばめ　男の子はいやです。この夏、川のほとりにいた時、粉屋のせがれの悪童がふたり、いつも私に石を投げつけました。当たりっこなかったですけどね、もちろん。私たちつばめはとてもうまく飛びますから、石など当たりはしませんし、そのうえ、私はすばしっこいので有名な一家の出なんです。でもやっぱり、そんなことをするのは失礼ですよね。

王子　……（悲しそうな顔をする）

つばめ　どうしようかな。ここはとっても寒いしな。でも王子様もきのどくだしな。……よし、一晩だけあなたのところにいて、お使いをしてあげましょう。

王子　ありがとう。ありがとうよ、小さなつばめさん！

つばめ、王子の刀にとびつき、大きなルビーをつつき出す。それをくちばしにくわえて、飛び去る。

3

ナレーター　つばめは大会堂のそばを飛びすぎましたが、そこには白い大理石の天使の彫刻がありました。宮殿のそばを飛びすぎると、舞踏会の音楽が聞こえました。美しい少女が恋人と一緒にバルコニーへ出てきました。

コーラス1、4登場。

コーラス4　なんて今夜は、星がすばらしいんでしょう！　そして、ぼくたち愛し合う者にとって、この愛の力はなんとすばらしいことでしょう！（コーラス1を抱きしめる）

コーラス1　わたくしの衣装が、宮中大舞踏会に間に合うといいのですけど。トケイソウの縫い取りをしておくようにと、言いつけてありますの。

コーラス4　そう。あなたがお召しになればきっとお似合いでしょうよ。すばらしい！

コーラス1　でも、間に合うかしら？　お針子なんて、とっても怠け者ですものね。

ふたり、抱きあったまま……。

ナレーター　川の上を飛んでいくつばめの目に、船の帆柱にちょうちんがかかっているのが見えます。ユダヤ人町の上を飛びすぎると、年をとったユダヤ人たちが取引きをしながら、銅の天びんでお金をはかりわけているのが見えます。そしてとうとう貧しい家に着きました。

コーラス2、3、動きはじめる。3（むすこ）は熱に浮かされて、ベッドでころげ回っている。そのそばを2の母親（針子）は、縫いとりをしている。眠い目を必死でこらえながら……。

コーラス3　熱いよう、熱いよう。オレンジ、オレンジが食べたいよう。

コーラス2　もう少し、待っておいで。この縫いとりを、あしたの朝までに仕上げなくてはならないのだよ。アーフッ（あくび）

コーラス3　オレンジがなけりゃ、せめて、氷のかけらのはいってる、すてきな水がのみたいよう。

コーラス2　かわいそうにね。でも、これを縫いあげないと、うちには一文もお金がはいらないんだよ。ね。それまでは、川の水でがまんをおし。アーフッ（あくび）

コーラス3　川の水は、黄色くにごってるよ。とてもめたもんじゃないさ。ああ、熱い熱い！

コーラス2　あしたの朝までに、……あしたの朝、までに……（ついに眠ってしまう）

つばめ　（のぞいていたが）気の毒に！　もうくたくたに疲れていたんだなあ。むすこの看病と、急ぎの仕事でね。

　つばめ、ぴょいと部屋にとびこみ、テーブルの上に大きなルビーをおく。そして、静かにベッドのまわりを飛び回りながら、つばささで男の子の額をあおいでやる。

コーラス3　ああ、すずしい！　どうしたんだろう……。おかあさん、おかあさん。……きっとぼくのからだ、よくなるのにちがいないよ。（こころよい眠りにつく）

　つばめ、見とどけると、一気に飛び去る。

4

ナレーター　つばめは幸福な王子のもとへ飛んで帰って、自分のしたことを話しました。

つばめ　奇妙ですね。今、とってもあたたかい気持ちがするんですわ。気候はひどく寒いのに。

王子　それは、おまえが、よい行《おこな》いをしたからだよ。

つばめ　そうかなあ。ぼくはただ、あなたの、お使いをしただけなのに……。

王子　いいや、おまえはよい行いをしたのだよ。

つばめ　ああ、眠たくなってきた。ぼくは、考えごとをすると、いつも、眠くなるんだ。（眠ってしまう）

王子　それはおまえが、よい行いをしたからだよ。

ナレーター　幸福な王子の目は喜びでいっぱいになり、黄金の頬は月の光を浴びて、美しく照り映えていました。

5

ナレーター、コーラスが前面にならぶ。

ナレーター　夜が明けると、つばめは川のところまで降りていって、水浴びをしました。
コーラス6　なんとおどろくべき現象だ。
ナレーター　と、鳥類学の教授が、橋を渡りながら言いました。
コーラス6　冬のつばめとは！
ナレーター　そして教授は、これに関して長い論文を大学新聞に寄せました。
コーラス1・2・4　ほう、大学新聞にね。（口々に「どれどれ」）
ナレーター　だれもがそれを引用しましたが、つまりその論文には、意味のわからない言葉がいっぱいつまっていたのです。

つばめ、コーラスとナレーターの間を縫って飛び出してくる。

つばめ　今夜わたしは、エジプトへ行きます。（コーラスのひとりひとりに）今夜わたしはエジプトへ行きます。（とくり返す）
コーラス3　なんてすてきなお客さまだこと！
コーラス5　ねえ。今ごろつばめさんとはねえ。
つばめ　この町の記念碑という記念碑は、残らず見物したよ。教会の塔のいただきにも長いあいだとまっていたよ。
コーラス5　（大きくうなずき、談笑する）
ナレーター　どこへ行っても、すずめがさえずって、つばめはすっかりうれしくなりました。

6

ナレーター　月が出ると、つばめは幸福な王子のもとへ帰りました。
つばめ　エジプトに、何かご用はありますか？　これから出発しますから。

王子　つばめさん、つばめさん、つばめさんよ。もう一晩わたしのところにいてくれない？

つばめ　エジプトでわたしを待ってくれています。あしたわたしの友だちが第二大滝のところまで飛んで行きます。そこでは河馬《かば》が蒲のあいだに寝そべっていて、大きな花崗岩《かこうがん》の王座には、メムノーンが坐っておられます。夜もすがら星を見つめていて、明けの明星が輝くと、ひと声喜びの叫びを発して、それから黙ってしまわれます。お昼になると黄色いライオンが、水を飲みに水際までおりてきます。緑色のエメラルドみたいな目をしていて、その声ときたら、大滝のとどろきよりも大きいのです。

王子　つばめさん、つばめさん、小さなつばめさんよ。この町のずっと向こう側の、ある屋根裏部屋に、ひとりの青年の姿が見える。

　一角にコーラス４の姿、現れる。

王子　書類におおわれた机によりかかっていて、そばのコップの花びんには、しおれたスミレの花束がさしてある。その男の髪の毛は茶色で縮れており、くちびるはザクロみたいに赤く、大きな夢みるような目をしている。

コーラス４　劇場の支配人のために、ぼくは戯曲をひとつ書きあげようとしてるのだけれど、あまり寒くて、もう字が書けないんだ。

王子　火格子《ひごうし》にはひとかけらも火がなく、ひもじさのあまり、目が回りそうになっているのだ。

つばめ　もうひと晩だけ、ご用をつとめましょう。

王子　ありがとう、つばめさん。

つばめ　いいえ。もうひとつのルビーを、持っていってやりましょうか？

王子　――ああ！　もうルビーはないのだ。残っているのはこの目だけなのだ。これは珍しいサファイアでできていて、千年も昔にインドから到来したものだ。それをひとつぬきとって、あの男の所へ持っていってください。あの男はそれを宝石商に売って、食べ物と薪《たきぎ》を買い、戯曲を書きあげるだろう。

つばめ　王子様、そんなことはできません。（泣きだす）

王子　つばめさん、つばめさん、小さなつばめさんよ。私の言いつけどおりにしなさい。

つばめ　……はい。（目をひとつ抜きとる）

ナレーター　つばめは、学生の屋根裏部屋へ飛んでいきました。屋根に穴があいていたので、中にはいるのは、なんの造作もありませんでした。

つばめ、穴から飛びこむ。青年、頭をかかえこんでいる。つばめ、飛び回りながらスミレの上にサファイアを落として、飛び去る。

コーラス4　（顔を上げ。サファイアに気づく）お！（サファイアを拾い）ぼくもいよいよ、世間に認められるようになってきたぞ。これはだれか、ぼくを大いに崇拝してくれる人からの贈り物だ。さあ、これで戯曲を書きあげることができる！

7

ナレーター　翌日、つばめは港へ飛んでいきましだ。大きな船の帆柱にとまって、水夫たちが船倉《せんそう》からロープで大きな箱をひきあげているのを、じっとながめました。

コーラスたち、並んで、ロープを引く。「よいと、まけ！」のかけ声や大きなかん声をあげながら……。

つばめ　（水夫たちに）わたしは、エジプトへ行くんだよ。わたしは、……。

つばめはくり返し叫ぶが、だれも気に止めない。つばめの声、だんだん力が弱くなっていく。

8

ナレーター　月が出ると、つばめは幸福な王子のもとへ帰っていきました。

つばめ　お別れを言いにきました。

王子　つばめさん、つばめさん、小さなつばめさんよ。もうひと晩ぼくのところにいてくれない？

つばめ　もう冬です！　そしてまもなくここにも冷たい雪が降るでしょう。エジプトでは緑のシュロの木に暖かい日がさし、ワニが泥《どろ》の中に腹ばいになって、ものうげにあたりを見まわしています。わたしの仲間がバールベックの神殿に巣を作っているところで、ときどき色と白のまだらの鳩が、つばめを見守りながら、クウクウと鳴きかわしています。王子さま、お別れしなければなりませんが、王子さまのことは決して忘れはいたしません。そして来年の春には、王子さまが与えておしまいになった宝石のかわりに、美しい宝石をふたつ持って帰りましょう。そのルビーは赤いバラよりも赤く、またサファイアは海のように青いものにしましょう。

王子　下の広場に、小さいマッチ売りの女の子が立っている。

一角にコーラス5の姿。泣きだす。

王子　マッチをどぶへ落として、すっかりだめにしてしまった。いくらかでもお金を持って帰らないと、酔っぱらいの父親にぶたれるのだ。

コーラス5　どうしよう。どうしよう……(泣きつづける)

王子　靴も靴下もはいていないし、小さな頭には何もかぶっていない。わたしのもうひとつの目を抜きとってあの女の子にやっておくれ。そうすれば父親にぶたれずにすむだろうからね。

つばめ　もう一晩だけあなたのもとにおりましょう。でもあなたの目を抜きとるなんて、わたしにはできません！　そんなことをしたら、すっかり目が見えなくなっておしまいですよ。

王子　つばめさん、つばめさん、小さなつばめさんよ。わたしの言いつけどおりにしなさい。

つばめ、無言で王子の目を抜きとり、口にくわえて、飛びおりる。マッチ売りの女の子のそばをかすめて舞いおり、その子の掌へ宝石をすべりこませる。

コーラス5　あ！　なんてきれいなガラス玉だこと。なんてきれいな——。(笑いながら、駆け去る)

つばめ、王子のもとへ舞いもどる。

つばめ　あなたは、もう目が見えなくおなりです。ですからわたしは、いつまでもあなたのおそばにいましょう。

王子　いや、小さなつばめさん、おまえはエジプトへ行かなくては。

ナレーター　わたしはいつまでも、あなたのおそばにいましょう。(眠る)

王子　いや、小さなつばめさん！

ナレーター　と、哀れな王子は言いました。

王子　おまえはエジプトへ行かなくては。

9

ナレーター　翌日は、一日じゅう、つばめは王子の肩にとまって、自分がかずかずの異国で見た珍しいものの話をしました。その話というのは……。

コーラス1　たとえば、長い列を作ってナイル川の岸に立ち、くちばしで金魚を捕えるトキのこと。

コーラス2　また、この世界と同じだけ年をとっている、砂漠に住んで、なんでも知っているスフィンクスのこと。

コーラス3　また、手にはこはくのじゅずをたずさえながら、自分のラクダと並んでゆっくり歩く商人のこと。

コーラス4　また、黒檀《こくたん》のようにまっ黒で大きな水晶を崇拝する月の山々の王のこと。

コーラス5　また、シュロの木で眠り、これをハチミツで養うために、二十人もの僧がついている、大きな緑のへびのこと。

コーラス6　そしてまた、大きな平らな木の葉に乗って大きな湖を渡り、いつも蝶と戦いをまじえている小人のことでした。

王子　かわいい、小さなつばめさん。おまえは、ふしぎなものの話をしてくれるが、しかし男と女の悲しみこそ、何ものにもましてふしぎなものだ。悲惨《ミゼリー》にまさる神秘《ミステリー》はない。わたしの町の上を飛んで、小さなつばめさんよ、そこで目にうつるもののことを話しておくれ。

つばめ　そこでわたしは、この大きな町の上空を飛びました。すると美しいお屋敷でお金持が浮かれ騒いでいる一方、こじきが門のところにすわっているのが見える。うす暗い路地へ飛びこんでみると、ものうげにまっ黒い通りをながめている、飢えに悩む子どもたちの青白い顔が見える。橋げたの下では、ふたりの小さな男の子が抱き合って、互いのからだを暖めようとしている。「おなかがすいたよう！」ふたりは言いました。「こんなところに寝ていちゃあいかん！」と、夜回りに怒鳴りつけられて、ふたりは、雨のなかへさまよい出ていきました。

王子　わたしのからだは、純金でおおわれている。それを、一枚一枚、はがして……。

つばめ　いけません！

王子　あの貧しいひとびとに、やっておくれ。

つばめ　いけません！　王子さま！

王子　生きている者はいつも、黄金さえあれば……。

つばめ　いけません。それでは王子さま、死んでおしまいです……。（泣きくずれる）

王子　黄金さえあれば幸福になれると思っているからね。

コーラス4　生きている者はいつも、

コーラス全員　黄金さえあれば幸福になれると

コーラス4　思っているからね。

コーラス全員　黄金さえあれば！

コーラス全員　黄金さえあれば！

「黄金さえあれば……」とつぶやきながら、コーラスたち、こじきや飢えた子どもたちになり、通りのあちこちにたむろして動く。路上に何か金目なものをみつけたひとり、たちまち他の者たちに押しつぶされる……。結局、何もなくなり、みんなぐったりと倒れてしまう。つばめ、子どもたちの動きを見つめていたが、ついに決心して、王子のからだにとりすがる――。

ナレーター　一枚、また一枚とつばめは純金の箔をひきはがしました。それでとうとう幸福な王子は、すっかり鈍い灰色のからだになってしまいました。

一枚ずつ、つばめは純金の箔をくわえて、貧しいひとびとのそばへ行って落とす。

コーラス3　あ、黄金だ！

コーラス6　え、黄金だ？

コーラス5　おお、黄金だ、黄金だ！

つばめが箔を落とすたびに「黄金だ、黄金だ！」をくりかえす貧しいひとびと。最初はうばい合っていたが、全員に箔がいき渡ると、皆、うれしそうに笑いだす。笑いながら、何らかの路上遊戯を始める。一回ゲームに勝つたびに、「もうパンには不自由しないぞ！」と勝者が叫ぶ。それに他の者が和する。そして笑い合う……。

10

ナレーター　やがて雪が降り、雪が降ったあとは霜がおりました。通りは銀でできているみたいで、それほど明るくキラキラと輝いていました。水晶の短刀みたいな長い氷柱が、家々の軒からたれさがり、だれもかれも毛皮にくるまって出歩き、小さな男の子たちは、まっ赤な帽子をかぶって氷の上でスケートをしました。かわいそうに小さなつばめは次第に寒くなってきましたが、しかし王子を置き去りにして行こうとはしませんでした。つまり心から王子を愛していたのです。

コーラス1、パン屋の親父として登場。あたりを見はからってパンくずを路上に捨てて去る。つばめ、震えながら飛んで来る。パンくずをついばみ、翼をパタパタさせてからだを暖める。が、力がぬけて、ぐったりしてしまう。

ナレーター　とうとう、つばめは死期が近づいたことを知りました。やっともう一度、王子の肩へ飛びあがるだけの力が残っているだけでした。

つばめ、満身の力をふりしぼって、飛び立つ。そして王子のまわりを一回りして、後ろへ隠れてしまう。

つばめ（声）　さようなら、王子さま！

王子　おお！（見えぬ目で肩の上を見る）

つばめ（声）　お手に、キスさせて、くださいませんか？

王子　おまえがやっとエジプトへ行くことになって、うれしいよ、小さなつばめさん。おまえはここに長くいすぎたね。ごめんよ。わたしのせいだった。

つばめ（声）　いいんです。わたしは、王子さまが、好きだったんですから……。

王子　小さなつばめさん！　わたしのくちびるに、キスしなさい。わたしも、おまえを愛しているのだから。

王子、つばめとキスをする（しぐさ）。つばめ、王子のからだを一回りするように出てきて、王子の足もとにくずおれる。

つばめ　わたしが行くのは、エジプトではありません。死の家へ行くんです。死は眠りの兄弟です。そうじゃありませんか？（もう一度王子を見上げ、死ぬ）

ナレーター　ピシーッ！　この瞬間、何かがこわれたような、奇妙な物音が像の内側でひびきました。実をいうと、鉛の心臓が、パチリと真っ二つに割れたのです。いかにもそれは、恐ろしくきびしい霜でした。

11

コーラスたち談笑しながら出てくる。

コーラス1　しかしなんですな、市長さん。ゆうべの寒さは格別でしたなあ。

コーラス4　そうそう、そうじゃったよ、市会議員くん。わたしの家なんぞは……や！　おやおや！（幸福な王子を見上げる）

コーラス1　え？　おやおや？

コーラス4　これこれ、これだよ！　なんて見すぼらしいなりをしてるんだ、幸福な王子は！

コーラス（4以外）　うーん、まったくなんて見すぼらしい！

コーラス4　（近寄って）ルビーが刀から抜け落ちてるし、目もなくなってるし、もう金ピカじゃない。まったくのところ、乞食《こじき》も同然だ！

コーラス（4以外）　乞食も同然だ！

コーラス4　それに、現に死んだ鳥が足もとにいるぞ！

コーラス（4以外）　え？　現に死んだ鳥が足もとにいる？（つばめをのぞきこむ）

コーラス4　ここで鳥が死ぬのは許さるべきではない。という布告を、ちゃんと出さねばならん。事務官！

コーラス2　は、はい！

コーラス4　記録！

コーラス2　は、はいはい！　ええ、ここで、鳥が、……（書きとめる）

コーラス1　諸君！　こんな像、引きずりおろしてしまおうではないか！

コーラス3・5・6　よかろう！

コーラス1、3、5、6像をひきずりおろし、路上に投げ出す。

コーラス6　わたしは、美術大学の教授の立場から一言申しあげるが、この像は、もはや美しくないのだから、もはや役に立ちはしない。

コーラス4　うーん。もう見るのもけがらわしいわ。こいつは、炉《ろ》で熔《と》かし、別の新しい像を立てねばならん。と、わたしは思うが、どうかね、諸君？

コーラス1　賛成！　大賛成ですな、市長。

コーラス2・3・5・6　大賛成ですな！

コーラス4　（満足そうにうなずき）そして新しい像は、わしの像にしよう。

コーラス1　いいや、市長さん！　とんでもない。市会議員たるわたしの像を――。

コーラス6　とんでもない！　大学教授たるわたしの――。

コーラス、めいめい「わたしの――」を主張しあい、激しい口論となり、やがてつかみ合いとなり……。

12

コーラス6　（走って出る）なんてふしぎなことだ！　わたしは鋳物《いもの》工場の職工長だが、あの幸福な王子の鉛の心臓は、炉にいれても熔けやしないんだ。捨てなくちゃならん。おい！（合図する）

コーラス2（職工）、鉛のかたまりを持って登場。職工長の指さすところへ捨てる。職工長、いまいましそうに、それをけっとばし、痛さにとび上がり、足をひきずり、退場。コーラス2も立ち去ろうとして、ふと近くに捨てられているつばめの死がいをつまみあげる。

コーラス2　こいつを剥製《はくせい》にして売りゃあ、けっこうブドウ酒の一本ぐらい飲めるかな？（においをかぐ）うっ、くせえ！　だめだ、ちきしょうめ！（投げ捨てる）

職工、「ついていない」といった顔で去る。

13

ナレーター　「町じゅうでいちばん貴いものをふたつ、持って来なさい」と、神さまが天使のひとりに言われました。そこで天使は鉛の心臓と死んだ小鳥を、神さまのところへ持っていきました。「おまえの選択は正しかった」と神さまは言われました。「天国のわたしの庭で、この小鳥が永遠に歌いつづけるようにし、わたしの黄金の町で、幸福な王子がわたしをほめたたえるようにするつもりだから。」

ナレーター本を閉じ、思いにふける。一角に幸福な王子の立像、再び浮かび出る。まわりで歌い舞い飛ぶつばめも……。別の一角に（幸福な王子が以前立っていたあたりに）市長、次いで市会議員、大学教授らの立像が浮かびあがる。そのまわりを感嘆している町の人々……。

――終――

上演のてびき

辰嶋幸夫

▼この「てびき」は、中学校演劇の作者・指導者として活躍された辰嶋幸夫さん（一九三三―二〇一五年）が、脚本『幸福な王子』の掲載に併せて『演劇と教育』一九七二年一月号（191号）に発表した「演出ノート」を元に構成しています。作者が故人のため編集委員会の責任で、抜粋してまとめました。**（構成＝星 陽子）**

はじめに

ワイルドの名作童話「幸福な王子」の訳者、西村孝次先生による名訳文を、まず土台に置いて、可能な限りそのまま生かした劇構成になっている。つまり、脚色というよりも、童話文学の演劇的構成と言うべきか。

ワイルドが原作に歌いあげた主題は、訳者によると「死よりもなお強い愛の讃歌」となっている。そして「献身的な人間愛が、ひとつの素朴で澄みきった散文詩として、せつせつと歌いあげられ」、「その幻想的なといいたいほどの美しさは、市長や市議会議員や鋳物工場の監督たちのような、ほんとうの美とあわれみの念を解さぬ輩に対する痛烈な批判に対照させることによって、いっそうその純度を増すのである」とある。

原作の形と香りをそっくりそのまま、舞台の上に形象化するための脚色である限り、この主題解釈については、ほぼ同じ見地に立つものと言える。

本来ならナレーターが話すべき解説文を、コーラスが、時には王子やつばめまでが随所に横取りして、朗読調に尾根を造っている。さらに主題を盛り上げるに重要なナレーションやセリフには、やはりコーラスがリフレインをつけ、シュプレヒコールを行う。

劇全体のヤマでは、セリフのない場面でも演技者のアクションに期待している（貧しい人々が純金の箔で甦るところ）。

単なる朗読劇にはならないような構成を、あくまでも原作の叙述の順に従いつつも、13景に分けて立体化してある。

演出プラン

1 【舞台構成について】

舞台は大きく二分する。それぞれに小高いスペースを置く。上手は幸福な王子の立像となる柱状の台。下手はお針子の家、その他もろもろに使われる平方状の台（二段構え）。したがって特別な装飾はせず、布などをかけて、二重の木肌が出ないようにはしたい。

2【衣装・小道具】

王子は無駄なアクセサリーはいらないが、少なくとも金箔の付いた感じの上衣は欲しい。それを途中で脱ぐことにしたい。金箔をはがしたことが視覚の上でもわかるように。

コーラスたちは、黒のバレエ・タイツ［構成者注・シンプルな黒い衣装］で統一する。ただつばめだけは胸から腹にかけて白いデザインにする。

コーラスが役を替えた約束として、原則的にただ一品だけ小道具（装身具を含む）を持つ。それを何にするかは俳優の創意にまかせる。例えば、市長ならシルクハットをかぶり、マッチ売りは手かごを下げるとか……。

3【大道具・照明について】

特別な舞台装置は造らない。劇作家の机とか、針子たちのイスなどありあわせのものを使う。照明も特に指定しない。ホリゾントは、黒幕。ただし、舞台けいこ・照明あわせが充分できる上演会場であれば話は別。能舞台のような簡素な舞台空間を想定する。暗転は一切なし。中幕も使わない。緞帳も開けっ放しで使用しない。あくまでも演技力のみに、観客のイマジネーションを期待するわけである。

4【演技について】

プロローグ…ナレーターは、上手前方隅に、イスに座り、本を一冊手にする。実際に読んでいるごとく、実は演じる。王子は、円柱に立ち、それを見上げる人々（コーラス）。コーラスが一人ずつセリフをしゃべり出す。それまでは不動の姿で、ひとりずつ動きが出てきて、自分のセリフが終わると、王子の像の反対側へ行き、また見上げる……。全員終わると、コーラス群はそろって退場。と言っても下手に行き、垂直一列にイスに座る。そのイスの下に役が替わるたびに小道具類を一括して置いておく。

以下各景の出入りは同じ。ただ出入りの時の動きに、なるべく目立たないような簡素な様式美を身につけたい。

1景…ツバメは上手奥に控えている。飛び方に一工夫要する。両手を後ろに伸ばし、小走りに走り回る、両手は時々左右に上下する、というように。

あし（葦）の動きは、下手の平台にのって、両手を耳につけるように上げ、全身をなよなよと動かし風にそよぐしぐさをする。

2景…飛んできたつばめは王子の像の足元にとまる（円柱の前に）。王子の涙が落ちてきたときの無対象行動がむずかしい。タイミングと見上げる視線に留意したい。王子の両足はなるべく不動で、軽々しくつばめの方を見おろさない。内面的な動きと熱情の発露を、あくまでもセリフ回しの口調にこめよう。この景では、コーラスは純然たるコーラスの形からはいる。位置は下手平台の前に出て二列になって腰をおろす。後列は平台の下段上に。途中で、お針子と息子役が、列から抜け出し、平台の上段に行ってイスにすわる。イスはあらかじめ平台の裏に隠しておき、必要に応じて引き上げ、おろす。自然に用意し、ただちに役につく。

つばめが王子の刀からルビーをつつきだす演技は、ごく簡略に、様式的につくる。口にくわえてる感じも、心持ち少しアゴを上げているだけでよかろう。

3景…コーラス二人が登場。一人が男であることを強調した演出。ラブシーンは大げさにキザに。「ふたり、抱きあったまま…」は、実際には瞬時で省略。退場の時はもう役を離れて無表情に控えにもどる。つばめが貧しい家に着いた時、つばめは窓からのぞく感じ。窓は横手にある想定。息子はベッドで転げまわることになっているが、イスにすわって毛布をかけているだけで実感は出る。お針子は手に本物の刺繍の丸枠を持たなくてはなるまい。つばめが息子を手であおぐのは後ろから。また飛び去る時は、はいったところと同じ位置（窓）から。

4景…王子の表情に喜びの輝きを――。

5景…ナレーターは同じ位置。コーラス四人、下手平台の前に立つ。一人が上段までとび上がる。平台と円柱の間に川が流れている想定で、橋の上から川を除く演技で「なんと驚くべき現象だ。」「冬のつばめとは！」となる。「ほう、大学新聞にね。」でほかの三人が上段まであがって行く（口々に「どれどれ」で）。他のコーラス二人は、ここではすずめである。つばめの挨拶が始まってから下手前に出てくること。

6景…つばめの長ゼリフは、自分はもうエジプトへ行かなくては（行きたいのだ）の気持ちを込めている。回を追うごとに悲痛な感じが強まること。つばめが王子の目玉をぬくところも、簡略な様式で。またぬかれた後の王子の表情に、妙なリアリティを作らないこと。（片目をつぶったり……）

劇作家役は、王子の「…一人の青年の姿が見える」で、自分で机を持って下手平台に上がればよい。イスは他のコーラスの一人が後ろからのせてやる。コーラスがサファイアをにぎりしめ、歓喜するシーンも、瞬時にして終え、また机を自分で持ち、台をおりる。

7景…コーラス全員ここでは水夫。控えから威勢よく飛び出して来て、下手前から中央奥へ、斜めに一列背の順に並ぶ。ロープは無対象で、前からだんだん低くなる感じ。思い切りエチュード［構成者注・即興的な演技による場面づくり］を楽しむ。掛け声は即興的に、男性的に——。ここばかりは水夫の動きを劇全体のアクセントとして強調したいので、勢い余って控えにもどるようにする。

8景…マッチ売り役、いかにも痛々しげな女の子。平台の高段から低段をのぞく動き。低段がどぶの想定。

つばめ、王子に目を抜くように言われた時の「…わたしにはできません！」に鋭いリアリティ。つばめが王子と心中する決意の景である。

無言で王子のもう一つの目を抜きとるところ、王子のもとへ舞いもどったところ、無言の中に秘めたるものを表現してほしい。それと王子はここでついに盲目となる。そのうつろな感じがだせるかどうか？

9景…コーラス群が下手前面に大きく立ち並ぶ。自分のコールを言い終えると、回れ右。一人ずつ回れ右となる。ひとりだけ「生きている者はいつも」「思っているからね。」でまたふりむくが、後の五人は「黄金さえあれば幸福になれると」「黄金さえあれば！」のところも後ろ向きのまま叫ぶ。そして「黄金さえあれば…」がコールからつぶやきうめきに変わっていく。それが舞台いっぱいに拡がる。エチュードとして念入りに時間もかける。いろいろと具体的な行動や極限状態、異常な発声などを作り出す。見つめているつばめの動揺と一緒に、盛りあがりのある舞台空間時間を作りたい。

10景…厳冬になった実感を特につばめが演じなければならない。ナレーションの最中からその冷感を説く文句に合わせて細かくリアルに動いてほしい。パン屋の親父はセリフが一つもない。したがって一見してパン屋であることがわかること。例えば前掛けに「パン屋」とかいてあったり……。つばめと王子との別れのキスシーンは、王子の肩の上にとまっているつばめを、王子ははっきり無対象で想定して演じること。甘く美しく、そして悲しく。ナレーターの「ピシーッ！」、一瞬遅れて王子は、思いきり体をそらす。心臓が割れた実感だ。

11景…コーラスひとりひとりの扮装が難しい。身につける小道具が似たものにならないこと。市長に追従する他のコーラスたちのいやらしさ、特にコールの口調に留意。像を引きずりおろすシグサは、やはり簡略様式。三人が像の前に向いて両手を上げる。像は自分でゆっくり降りる……それだけでよい。だれの銅像を立てるかがぜん我を主張しだすお偉方の争いも、コミカルに、エチュードにしてしまってよい。ただひとりだけは次景にすぐ登場するので適当なところで争いから抜け出し、準備しなくてはならない。コーラスたちの退場は交錯しないよう、この場だけは上手奥にしたい。

12景…下手の平台を鋳物工場にして、上段から下段へかけ降りて上手まで職工長は走る。職工は、衣装持ち物髪型などで職工長と差をつけることに留意。つばめの死がいは、円柱の下に死んだままでよく、そこがこの景ではゴミタメに変わっている。また、つばめの臭いをかぐところも、つばめの襟首を少しつまみ上げる程度でよい。そして引きずるようにして、円柱台の裏へ入る。王子の鉛の心臓はもちろん無対象で。

13景では、三人（市長、市会議員、大学教授）の立像が、不自然にコッケイなポーズで立ち、その周りで感嘆している人々を、それぞれ演じる。王子とつばめの空間と三つの立像の空間の対比を誇張するような終末を作りたい。

それには読み終わった後のナレーターの表情や視線の動きがカギ。最初は三つの立像の方を、次に王子のほうを、そのまま動かなくなる……。あるいは、ナレーターが、ここで初めて歩いてもよい。歩いて二つの空間をながめ、王子のそばまで行って立ちどまる。そこでF・O、終末となる。

あるいは、全然空間は無視し、ただ読了した満足感を表情に、顔をあげるだけ……。

いずれにしても、ナレーターの雰囲気、朗読の口調の流れを大事にして、その流れに沿ったところで、ごく自然におさめたい。

音楽・効果について

開始と終末には、音楽が欲しい。静かに始まり、余韻をもって終わる効果が生まれる音をさがしてください。その他の擬音などは一切不要。ナレーターのナレーションが充分にしてあまりあるはずだ。

▼中学校演劇の数々の意欲的な作品を発表した辰嶋さんがこの作品を発表したのは、前述のように今か

ら約五十年も前のことです。当時「朗読劇」といえば、ナレーターが物語の地の文を読み、会話の部分をそれぞれの役に割り振って読んでいく、動きのないものが一般的でした。辰嶋さんは「はじめに」にあるように、原文をできるだけ生かしつつ、コーラスによる声の表現の立体感や、群衆的な動きのある場面を取り入れるなど、新しい演劇的な表現を目指していきます。五十年前に、手探りで現在の〈ドラマリーディング〉のような表現を生みだそうとした作品と言えるでしょう。辰嶋さんは、脚本創作で目指した新しい表現形式のイメージをより具体的に示すために、力をこめてこの詳細な「演出ノート」を執筆したと思われます。

おおいに参考にしつつ、上演される皆さんもいろいろ考え、話し合い、さまざまな表現を試してみてください。ぜひこの美しい名作を、創意あふれる舞台に創りあげてください。

本作品は、訳者、西村孝次氏の著作権継承者である西村卓朗氏のご了解と、新潮社のご協力により掲載に至りました。誌面を借りて感謝申し上げます。

【初演】一九七一年、東京・新宿区立戸塚中学校。

【作者】辰嶋幸夫（たつしま・ゆきお／一九三三—二〇一五年）—東京・公立中学校教員、劇作家。

［主な作品］「あこがれ」（『新編中学校学校劇全集4』国土社）、「もう一人のピノキオ」（『新編中学校学校劇全集5』国土社）、「鞭を持つ少女たち」（『新編中学校学校劇全集6』国土社）、「まゆみの五月晴れ」（『中学生のドラマ4』晩成書房）、「スガンさんの山羊」（ドーデー作より脚色、『中学校たのしい劇脚本集英語劇付2』国土社）、「DREAM LIKE MAMA」（『演劇と教育』2007年12月号）、「グリム童話集より 愚俚夢もどき—ある心残り—」（同2011年4月号）

椅子に座る人々の話

柏木 陽

練習用に作られた台本です。
椅子に座っている状況ということだけが共通で
場面ごとに色々なことが起こります。

上演＝東京・世田谷区立桜丘中学校演劇部　［写真＝芹田来夢］

登場人物（男子5名、女子6名。計11名）

後から来た人
先に来てた人
女の子
もう一人
駆け込んできた人
医者
母
患者
図書委員
環境委員
サメ
カメ
中学生1
中学生2
宇宙人
生徒1～6
先生
一番～六番
最後の生徒
生徒

場面1

キンコンカンコン

一人入って来る。何かを探すようなどこかを探すような雰囲気。でもそれを外に表さないようにしようとしているのが他の人には分かってしまうような感じ。色々と見ているが、椅子に座る。遅れてもう一人入ってくる。

後から来た人　おはよう
先に来てた人　おはよう？
後から来た人　宿題やってきた？
先に来てた人　え？　うん。
後から来た人　多くない？　普通に。
先に来てた人　え？
後から来た人　普通にやばいんだけど。
先に来てた人　え？
後から来た人　こんなにたくさん出されてもやれないって。
先に来てた人　あの……
後から来た人　ん？
先に来てた人　宿題って？
後から来た人　え？
先に来てた人　え？
後から来た人　宿題やってないの？
先に来てた人　やってないって言うか宿題があったのかどうかも……
後から来た人　うわー悲惨だわー
先に来てた人　悲惨なの？
後から来た人　だってすぐにテストだよ？
先に来てた人　え？
後から来た人　テストだって。聞いてなかった？
先に来てた人　う、うん。
後から来た人　まったくこれだから。

先に来てた人は、しばし考えて

先に来てた人　今から間に合わせ……
後から来た人　無理だって。このバッグ全部宿題だよ？

先に来てた人　そんなに？
後から来た人　聞いてなかったの？
先に来てた人　聞いてないって言うか……
後から来た人　あんた大丈夫？　しっかりしなよ？

後から来た人は自分の支度をしながら何かが気になって先に来てた人を覗き見るように見る。

後から来た人　えっと……あれ？……かのん？
先に来てた人　え？
後から来た人　ごめんごめん。ほら今日なんか雰囲気違うなって思って。
先に来てた人　あ。そう？
後から来た人　うん。……え？　ちはる？
先に来てた人　え？
後から来た人　ごめんごめんごめん。違うの。ほら、あ〜の〜、マスク！　マスクしてるじゃん！　なんかさ、似てない？　マスクしてると！
先に来てた人　ああ。
後から来た人　声も似てたりするとさ、この人誰だっけ？ってならない？
先に来てた人　うん。
後から来た人　仕方ない。確認するか。
先に来てた人　え？　確認？
後から来た人　うん。
先に来てた人　どうやって？
後から来た人　マスク、外すしかないでしょ。
先に来てた人　え？　駄目でしょ？
後から来た人　駄目だよ。
先に来てた人　どうするの？
後から来た人　ソーシャルディスタンスをしっかり確保して！
先に来てた人　え？

後から来た人は更に離れる。先に来てた人も同じように離れる。

後から来た人　いい？
先に来てた人　う、うん。
後から来た人　お互いにマスクを外して顔を確認するから。
先に来てた人　え？　やるの？

後から来た人　そのためのソシャディスじゃん。
先に来てた人　そしゃでぃす？
後から来た人　いい？　お互いにマスクを取って顔を確認するから。でもその時にお互いに息がかかるとまずいから息を止めて。
先に来てた人　息、止めるの？
後から来た人　そうだよ。
先に来てた人　え～？　こんなに離れてるのに？
後から来た人　あんた息の力をなめてるね？
先に来てた人　いや。なめてるわけじゃないんだけど。大げさじゃない？
後から来た人　大げさ？　だったら今のこの状況はなに？　私たちが失った生活はなに？　卒業式で告ることも、入学式のドキドキも、その後のぎこちない友だちづくりも、陸上記録会も、ブラスバンドのコンクールも、サッカーの地区予選も、楽しい給食の会話も、修学旅行の夜の恋バナも、全部なくなったのはなんで？　大げさにしてもしすぎることはないんだよ！
先に来てた人　そうだね。でも私全部なくなってホッとしたんだよね。
後から来た人　え？
先に来てた人　修学旅行は気が重かったたし、部活の大会がなくなって色々やらなくて良くなって気が楽になったし、陸上は私はあんまり関係がないし、卒業式で告ることもないと思うけど、給食は誰と食べていいかなんて分からなかったから、全部なくなって正直ちょっとホッとしてるんだよね。
後から来た人　そう、なんだ。
先に来てた人　うん。

二人ともお互いにどうしたら良いのか分からない。

二人とも　でも！
後から来た人　あ、なんかごめん。
先に来てた人　いや、ごめん。
二人とも　あの……
先に来てた人　いや。
後から来た人　ごめんごめんごめん。
先に来てた人　違うの違うの。

二人ちょっと黙って考えてから。

後から来た人　……やる？
先に来てた人　うん。
後から来た人　息止めて、マスク下ろして、顔確認。
先に来てた人　うん。
後から来た人　じゃ、いくよ！　せーの！

後から来た人と先に来てた人はマスクを下ろしてお互いの顔を見る。驚いた顔。一緒にマスクを戻して。

二人とも　誰？？!!!？？

場面2

ガタンゴトンガタンゴトン
プシュー
一人の女の子が入ってくる。後ろに一人入ってくるが女の子は気にしていない。

女の子　（何かを探すようにキョロキョロする）
もう一人　どうしよう。すっごい空いてる。
女の子　（一つに椅子に目をとめる）
もう一人　あ、あそこにしよう。

女の子は座る。もう一人は立っている。

もう一人　（客席方向に目を向けて）気にしないで。私はなんていうの？　この子の心の声？　みたいな？

間もなく発車いたします。駆け込み乗車はおやめください。

もう一人　あ。出るみたい。

駆け込んでくる人がいる。
駆け込んできた人は女の子の前を通って止まる。
キョロキョロ見回してから座席に座る。
荷物をガサガサし始める。

もう一人　なにしてるんだろ。（女の子はこのa台詞の時に駆け込んできた人を見ている）

駆け込んできた人は自分のバッグの中から化粧の道具を取り出して準備している。

もう一人　え？　化粧？

駆け込んできた人はアイメイクを始める。
女の子は盗み見ている。

もう一人　へ〜。あんなふうにするんだ〜。

すると駆け込んできた人はマジックを取り出す。
女の子は目が離せなくなっている。

もう一人　え？　マジック？　何するの？

駆け込んできた人はマジックでマスクの上に唇を描き始める。
女の子は驚いて何度も見る。

もう一人　え？　え？　え？　マジック？　え？　なんで？　なんでマスクの上から？

大きな真っ赤な唇を描いていく駆け込んできた人。
女の子はすっごく見ている。

もう一人　え？　唇？　口紅？　口紅ってこと？

駆け込んできた人は鏡を取り出して確認しながら化粧をしている。ふと駆け込んできた人は女の子を見る。

もう一人　え？
駆け込んできた人　なに？
もう一人　なになに？
駆け込んできた人　なんなの？
女の子　え？
駆け込んできた人　見てたよね？
女の子　え？
もう一人　やばい。
駆け込んできた人　見てたでしょ？
女の子　え？
もう一人　やばいやばいやばい。

駆け込んできた人　見てたでしょって言ってるのよ。
もう一人　バレてる！　絶対バレてる！
女の子　さあ〜
駆け込んできた人　さあ、じゃない！　見てたでしょって言ってるのよ。
もう一人　どうしようどうしよう。
女の子　なんのことですか？
駆け込んできた人　なんのことですかって、あなたのことよ。人のことを横目でチラチラと見ていたでしょってそう言ってるのよ。
女の子　なにかの間違いじゃないですか？
もう一人　やっべ――！　怒ってる！　絶対怒ってる！
駆け込んできた人　何かおかしいわけ？
女の子　おかしい？
駆け込んできた人　そうよ。何かおかしいわけ?!
もう一人　おかしいでしょ？　絶対おかしいでしょ？
だって電車の中で突然お化粧はじめて、お化粧するだけならそりゃ見たことあるけど、これよ！　マスクに口よ?!
駆け込んできた人　何かおかしいわけ？!!
女の子　別に。

もう一人　おかしいって！　マスクに口描いちゃう時点でおかしいって！
駆け込んできた人は口を描いたペンを持って女の子に近づいていく。
女の子・もう一人　え？　え？　え？
もう一人　なに？　どうするの？
女の子　何するんですか？
駆け込んできた人　あなたにも描いてあげるのよ。
もう一人　なにそれ!?
女の子　え、遠慮します。
駆け込んできた人　いいのよ。遠慮しないでも！
プシュー。梅ヶ丘〜梅ヶ丘〜（最寄り駅の名前に変えてみても良いです）
女の子　私ここなんで。じゃ！
あわてて降りる。もう一人が取り残される。駆け込んできた人がもう一人の方を見る。

もう一人　え？　え？

もう一人も降りようとするが駆け込んできた人みたいにマスクに口を描いた人々が入ってきて降りれない。

もう一人　え？　ちょっと！　なにこれ?!　ちょっと！

駆け込んできた人　あんたで良いわ。

もう一人　違うって。私心の声！　見えないの！　お客さんにだけ見えてるの！

口マスクの人たちが手にマジックを持って蓋を取る。

もう一人　やめて！　やめて～‼

もう一人逃げていく。口マスクの人たちが追いかける。

場面3

次の方どうぞ～

椅子に座ってる医者。入ってくる患者と母。

医者　どうしました？

母　そのー。微熱がありまして。

医者　はあ。

母　あのーなんですの？　そのー。ね。今のご時世ですから色々と気をつけてるんですけど。

医者　はあ。

母　万が一ってこともございますでしょ？　ですから用心には用心を重ねたほうが良いんじゃないかって思いまして。

医者　（患者に）どんな感じ？

母　本人は何でもないって言うんです。言うんですけど、ほら怖いじゃないですか？

医者　（患者に）熱っぽいとか？

母　朝計ったら7度2分ありました。

医者　ダルいとかそういう倦怠感は？

母　何だか朝グズグズしてるんです。普段はシャキッとしてるんですよ？　でも今日は何だかグズグズしてて。

医者　喉が痛いとか、セキが出るとか。

母　それは全然。あ、でも時々咳き込むわね。そうね。
医者　吐き気は？
母　全然。
医者　お腹痛いとか？
母　まったく。
医者　鼻水とか、
母　皆目。
医者　頭痛いとか、
母　思い当たりません。
医者　ふん――――。抗生物質出しておくんで様子見ましょ。で、体調が変わったらまた来てください。
母　ですから。
医者　はい？
母　それじゃ遅いと思うんです。
医者　はあ。
母　用心には用心を重ねないと。
医者　はあ。
母　微熱が、あるんです。
医者　はい。
母　7度、2分の、微熱が、あるんです。
医者　はい。
母　（さっきより強調して）7度、2分の、微熱が、あるんです。
医者　はい。
母　（さらに強調して）ですから、7度、2分の、微熱が、あるんです。
医者　分かってますよ。ですから抗生物質を出しておくんで。
母　（さらにさらに強調して）ですから！　7度！　2分の！　微熱が！　あるんです！
患者　ママ……
母　なに？　どうしたの？　辛いの？　苦しいの？　ママに言ってごらんなさい。ん？
医者　あの……
母　ですからね。
医者　何か考えがおありなんですか？
母　いえ。私は普通の主婦ですから、何か考えがあるなんてことはございません。
医者　でも、お子さんは……
母　7度2分の熱があります。
医者　そうですね。
母　私は用心には用心を重ねたほうが良いのではないか

と。

医者　お家で出来る用心をしていただいてですね。

母　家で出来る用心はしています。毎時間の手洗いうがい、外出時にはマスクに手袋、帰宅すると即時シャワー、なるべく免疫力が上がるように納豆やヨーグルト、食物繊維も欠かさず、オリゴ糖を取るためにごぼうや玉ねぎも食事に加えて万全を期しているんです。

医者　それは……すごい。

母　ですが家で出来る対策にも限界がございます。現にうちの子は今朝7度2分の熱を出してしまいました。

医者　ま、あんまり気にしすぎても。

母　家で出来る対策はしているんです。それなのにうちの子が熱を……

医者　あの、お母さん。

母　対策はしていたんです。

医者　素晴らしいことですよ。

母　それなのに熱を……

医者　お母さん。

母　対策……

患者　ママ……

母　何?!　苦しいの？　辛いの？　大丈夫？

患者　（首を横にふる）

母　もしも、もしもこの子に万が一のことがあったら。

医者　検査をお望みということですか？

母　別に望んでいるということではないんです。本当ですよ？　ないんです！　ですが、私が親としてこの子にしてあげられることがあるとしたら万全の予防と対策じゃないかと思うんです。

医者　う――ん。検査かあ。

母　もしも、もしもですよ？　もし万が一何事もなければいいですけど、これだけの感染者が出ている状況ではいつどんな人でも感染するんじゃないかと思うんです。

医者　検査ねえ。

母　それにもし万が一、考えたくはないですけど、もしも万が一ここでの判断が医療ミスに繋がってしまったらって。こんなこと考えるだけでもいけないことですけど、万が一、万万が一そんなことが起こったら。もちろん人はミスをするんです。それは避けようのないことなんです。ですが、人の命がかかっている、今、この瞬間にそんなミスが起こってしまったら。そう思うと。

医者　いやあ、検査はうちでは出来ないんですよ。
母　え？
医者　お望みの検査を行うのは各行政区の保健所ですからうちでは検査してあげたくても、無理なんですよ。
母　行くわよ!!

母は患者を急かして去っていく。

医者　最近こんな人ばっかりだな。次の方どうぞ〜。

場面4

びゅーびゅー

図書委員と環境委員が何かを作っている。

図書委員　外ひどい雨。
環境委員　え？　うわ〜私傘持ってないのに。
図書委員　私も。
環境委員　ごめん。
図書委員　ううん。全然全然。朝は晴れまくってたんだから。
環境委員　でも私がこんなこと頼んだから。
図書委員　本当に気にしなくて良いから。やっちゃお。
環境委員　これ。どう？

環境委員はダンボールで出来た被り物（あんまりうまく出来てない）を出す。

図書委員　え？　すごいじゃん。
環境委員　本当？
図書委員　ちゃんと亀に見えるもん。
環境委員　……これサメ。
図書委員　え？
環境委員　サメ。
図書委員　あ。……サメ。
環境委員　……やっぱり止めればよかった。
図書委員　そんなことない。可愛いの。そうなの可愛いの。だからサメじゃなくて亀だと思っちゃったんだと思う。
環境委員　サメで良い？

びゅー

図書委員　うわー。雨どんどんひどくなってくる。
環境委員　やっぱりやめれば良かったかなあ。
図書委員　そんなことないよ。良いじゃん。ハザードマップ作ったお披露目するんでしょ？
環境委員　でも誰も望んでないと思うんだよね。

びゅ～

図書委員　行事もなくなっちゃったしさ。みんな楽しいことに飢えてるから絶対受けると思う。ハザードマップ出来ました～って練り歩くんでしょ？
環境委員　でもさ、これ何の役に立つの？

びゅ～

図書委員　ねえ、泳げるんじゃないってぐらい振ってるよ。
環境委員　泳げるは言いすぎだよ。
図書委員　だって滝みたいになってるじゃん。
環境委員　たしかにね。帰れなくなっちゃうかなあ。

びゅ～。彼らの後ろを何かが泳ぎながら通っていく。

図書委員　早くやって帰ろう。

図書委員と環境委員は作業に戻る。そこへ先ほど後ろを通っていたものがやってくる。

サメ　あれがサメ？　あんなものはサメじゃない。だいたいサメがあんなにブサイクなわけないだろ。
カメ　確かに。あんなブサイクなカメもいません。
サメ　しかし、ここはどこだ？
カメ　？　なんか向こうから誰か見てますよ？
サメ　お。本当だ。え？　お前らは誰だって？　見てわかんないのかよ？　サメだよ。
カメ　カメっす。ここどこっすかね？　あいつらに聞いてみます？
サメ　バカ。やめろよ。
カメ　え？　なんで？
サメ　だって驚くだろ？

カメ　大丈夫っすよ。俺わりと昔からあいつらと話してるんでけっこうなれてるんですよ。
サメ　え？　マジで？
カメ　知りません？　浦島とか？　浦島とか？　あと、浦島？
サメ　そうか、お前慣れてるのか？　俺白ウサギに騙されるぐらいしか経験ないからなあ。
カメ　なんすか、それ？
サメ　え？　知らないか？　向こうに渡りたいウサギがいて俺たちが泳いでたら声かけてきて俺たちの背中を渡っていったって言う。
カメ　え？　背中貸してあげたんですか？　やっさしい。
サメ　お前絶対馬鹿にしてるだろ？
カメ　いえいえいえ。で？　どうなったんです？
サメ　は？　知らねえのか？
カメ　そんな話知ってる人ほとんどいないと思いますよ？
サメ　昔は全国民知ってるぐらいの有名な話だったんだぞ！
カメ　いや〜〜ほら昔も今も浦島は超メジャーなんで。
サメ　お前マジムカつく。

いつの間にか図書委員と環境委員がサメとカメを見てる。

環境委員・図書委員　えっっ?!
サメ　お。
カメ　おわ。ど、ども。
環境委員　え？　サメ？
図書委員　と？　カメ？
カメ　御名答。
環境委員・図書委員　キャ――――――――!!!
環境委員　やばい！　食われる！
図書委員　食べないで。お願い食べないで！
カメ　大丈夫大丈夫。怖くない怖くない。
環境委員　じ、ジンベエザメ！
サメ　ジンベエなんて着てない！
環境委員　アオザメ！
サメ　青くない！
環境委員　ホオメジロザメ！
サメ　白くない！

環境委員　シュモクザメ！
サメ　あんなに目離れてない！
環境委員　ノコギリザメ！
サメ　のこぎりなんて持ってない！
環境委員　トラザメ！
サメ　がおー
環境委員　ネコザメ！
サメ　にゃー
カメ　うひゃひゃひゃひゃ！
サメ　よく見ろ！　ほっぺた！　白いだろ?!　いるだろ！　ほっぺたの白いそういうサメが！
図書委員　ああ、ジョーズ!!
サメ　あれは創造の産物なんだよ！　いないの！　ジョーズなんていないの！
図書委員　食われる！　ジョーズに食われる！
サメ　いい加減にしろ！　本当に食うぞ!!
カメ　押さえて！　ホオジロザメの旦那！　怒りを押さえて！
図書委員・環境委員　ああ！　ホオジロザメ！
サメ　分かりゃいいんだよ。
カメ　あのさあこの辺はどの辺？

環境委員　え？　梅ヶ丘駅のすぐ近くだけど(ここからしばらくの地名などは自分たちの学校の話に換えてください)
……
図書委員　え？　世田谷区？
サメ　どこだ？
カメ　すっげー内陸っす。(内陸じゃない場合は高台とか帰るまでが複雑とか色々理由をつけてください)
サメ　まーじーか!!!　それじゃ海まで帰れねえじゃん！
環境委員　え？　迷子なの？　どうしよう？
図書委員　先生に報告しないと。
環境委員　報告してもどうにもならないと思う。
図書委員　でも、そこから警察？　とか？　連絡してもらえばいいじゃん。
カメ　俺たち犯罪者じゃないから！
環境委員　それよりも水族館に連絡するとか？
サメ　飼われるつもりはねえ！
環境委員　そうか、水族館じゃダメか。帰りたいんだよねえ。でもどうやったら……
図書委員　あっ!!　帰れるかも！
環境委員・カメ・サメ　え？　どうやって？
図書委員　早速役に立つんだよ。ハザードマップ！

カメ・サメ　ハザードマップ〜？

環境委員　ハザードマップがどう役に立つの？

図書委員　サメさんとカメさんはどうやってここまで来たの？

カメ　え？　水のあるところを泳いでいたらここまで来てまして。

サメ　来たくて来たんじゃねえぞ。

図書委員　ハザードマップに描いてあるのは大雨が降ったら水没するところでしょ？

環境委員　うん。

図書委員　今の大雨はそれこそ泳げそうなくらいじゃない？　という事は、ハザードマップに描かれている水害になりそうな地域を泳いで来ちゃったんだと思うんだよね。だったら、そこを通って海まで帰れると思うんだ。

環境委員・カメ・サメ　なるほど！

二人はハザードマップを広げて見てみる。

環境委員　よく見るとこのあたりって大雨が降ったらけっこう水没するんだね。

図書委員　ここを出発するじゃん。で池尻に出て……

環境委員　で、右曲がると目黒区に出るんだ。

図書委員　目黒川沿いに行って……

環境委員　山手通りに沿って南ね。うわ。無駄にオシャレなとこ通るね。

図書委員　で。品川区に入る。

環境委員　山手通りと目黒川ってずっと並んでるんだね。

図書委員　大崎駅を越えて京急線を越えて……

環境委員　もう一息。

図書委員　で、モノレールの先は……東京湾だ。

環境委員　海じゃん！　やばい！　案外近い！

図書委員　行ける？

サメ　任せておけ。

カメ　俺たち泳ぐのは得意だからさ。

サメ　すごいもんだな。ハザードマップ。

カメ　お世話になりました。

サメ　じゃあな。

サメとカメは去っていく。

環境委員　ハザードマップって役に立つんだね。
図書委員　役立ち方が想定外だけどね。

場面5

ぴろろろろ
中学生が二人座っている。二人は何かを書いているようだ。

中学生1　宇宙人っていると思う?
中学生2　なに?
中学生1　宇宙人っていると思う?
中学生2　えええ?　いないんじゃない?
中学生1　なんで?　なんでそう思うの?
中学生2　え?　だって見たことないし。
中学生1　でもさ、理科でやってたじゃん。
中学生2　え?　理科で宇宙人なんてやってた?
中学生1　そうじゃなくてさ。宇宙には無数の恒星があるって話。で、太陽もそんな恒星のうちの一つで恒星の周りには光を放たない惑星が回っていてその数は恒星よりも多いって。
中学生2　そんな話してたっけ?
中学生1　してたよ。だからさ、そんなに星が多かったら地球みたいな星もあるんじゃないかなって。でさ、そしたら宇宙人とかいるんじゃないのかなと思ったの。
中学生2　ふ――ん。
中学生1　もう。なんでちゃんと聞いてくれないの?!
中学生2　聞いてるじゃん。
中学生1　なんか凄くワクワクしたんだよね。そんなことあったら凄いなあって。
中学生2　あんたといると癒やされるわ。数学終わらせちゃお。
中学生1　え~。もう無理。
中学生2　どこどこ?
中学生1　私に数学は合ってない!
中学生2　数学に合ってるも合ってないもないから。
中学生1　代入ってなに?　エックスの代わりに2を入れてみるとか何なの?　大体何でエックスとワイなの?　ねえ?　どうして?
中学生2　え?　それは私も分からないけど。
中学生1　この世の中は分からないことばっかりだ!

中学生2　不思議だねえ。理科は好きなのに数学は駄目なんだ。
中学生1　理科別に好きじゃないよ。
中学生2　え？　さっき星の話したじゃん。
中学生1　星の話じゃなくて宇宙人の話！
中学生2　違うの？
中学生1　大違いだよ！　星の話は勉強でしょ!?　宇宙人の話は勉強じゃないじゃん！
中学生2　そうかあ。そうかなあ。
中学生1　なんで勉強なんかしなくちゃいけないんだ――！
中学生2　じゃあさあ。気分転換しよっか？
中学生1　え？
中学生2　ここじゃ勉強っぽくなっちゃうから、外でやろ。
中学生1　え？
中学生2　ほらほら。
中学生1　ええええ？　外～？

そこに音楽。なんだか銀色をした人がやってくる。しかし中学生は音楽にも宇宙人にも気づいていない。

宇宙人　われわれは、うちゅうじんだ。
中学生2　いいじゃん。空気も変わるし気分良いかもよ？
中学生1　寒いじゃん！
宇宙人　われわれは、うちゅうじんだ。
中学生2　宇宙人も見えるかもしれないじゃん
中学生1　さっきいないってバカにした。
中学生2　バカになんてしてないでしょ？
宇宙人　われわれは、うちゅうじんだ。
中学生1　バカにしてたよ。えええ？　いないんじゃな～い。って。
宇宙人　われわれは、うちゅうじんだ。
中学生2　悪かったたって。
中学生1　じゃあ、宇宙人いる？
中学生2　いるいる。だからほら。外行って勉強しよ。
中学生1　ええぇ。いいよ。

中学生は去る。残る宇宙人。

宇宙人　だれも、きづいて、くれない。きっと、いまも、あなたの、まわりに、うちゅうじんは、いる。うちゅうに、すむ、われわれは、みんな、うちゅうじんだ。

音楽。

場面6

きーんこーんかーんこーん

何人かの生徒たちが椅子に座っている。立っている生徒たちもいて何かを話している。一人そこに入れない生徒がいる。（生徒の番号は分かりやすくするために一応つけていますが、この場面に出られる人の人数によって言葉に矛盾が出ない範囲でセリフの割り振りを変えてください）

生徒3　どう思う？
生徒2　どうって？
生徒3　呪文だよ。呪文。
生徒5　どんな呪文なんだろうなあ。
生徒1　これまでの授業とか身体測定とかで決まるんだから考えたって仕方がないよ。
生徒6　でもさあカッコいいほうがいいじゃん。
生徒4　私ドキドキ魔法診断のサイトで自分の呪文がどうなるかやってみたんだよね。
生徒たち　どうだった？
生徒4　ふふーん。輝ける風のもたらす恵みよ！
生徒たち　お！　なんかカッコいい。
生徒3　それカッコいいのが出るまで粘ったんだろ？
生徒4　なによ。悪い?!
生徒2　私この前やったらラリパッパルンパッパだったもん。
生徒5　あんなの今ある呪文の組み合わせが出てくるだけじゃん。
生徒1　そうそう。私たちの魔法の力はパソコンやスマホじゃわからないよね。
生徒4　一生付き合っていく呪文なんだから慎重になるじゃん！
先生　はーい、席ついて！　授業始めるよー。
生徒3　きりーつ。きょうつけ～、れー。

生徒たち　おねがいしまーす。
先生　はい。今日はね、いよいよ魔法の呪文の授与です。
生徒たち　うわ～ドキドキする。（みたいなことを口々に話す）
先生　はーい、私語はつつしむ。良いですか？　この呪文とは一生付き合っていくものです。大切に扱うように。
生徒たち　はい。
先生　では、出席番号順に授与します。一番！（ここから先の番号はさっきまでの生徒1～6までの順番と同じでも良いですし、違っても構いません。）
一番　はい！
先生　（咳払いして）あなたの呪文は「テクマクマヤコンテクマクマヤコン」
一番　テクマクマヤコン……。
先生　何にでも変身できる呪文よ。二番！
二番　はい！
先生　あなたは、「ムーンプリズムパワーメークアーップ！」
二番　ムーンプリズムパワーメークアーップ！
先生　みんなに勇気を与える呪文よ。三番！
三番　はい！
先生　あなたは「マハリクマハリタ！」
三番　マハリクマハリタ
先生　唱えれば必ず誰かが答えてくれる「ヤンバラヤンヤンヤン」
全員　「ヤンバラヤンヤンヤン」！
先生　四番！
四番　はい！
先生　あなたは「ピピルマピピルマプリリンパパパレホパパレホドリミンパ！」
四番　ピピルマ？
先生　大丈夫、ちょっとずつ覚えていけばいい。五番！
五番　はい！
先生　あなたは「ぴぴるぴるぴるぴぴるぴ～」
五番　ぴぴるぴるぴるぴぴるぴ～
先生　これは大事な誰かを取り戻す呪文。六番！
六番　はい！

※という風に続いていきますが、出られる人数で変えていけば良いです。全部やらなくても良いです。
他の呪文と言葉は、

リリカルトカレフキルゼムオール
＝何が起こるか分からないから気をつけて。
パラリンリリカルパラポラマジカル
＝なりたいものになれる。
パンプルピンプルパムポップンピンプルパンプルパム
ポップン
＝どんなに難しいことでも乗り越えていける。
——のように魔法の呪文とその呪文がどんな呪文なのかを短く解説する言葉を用意してください。

先生　そして最後！
最後の生徒　……はい。
先生　どうした？　もっと元気だして！
最後の生徒　はい！
先生　あなたにはとても由緒正しい呪文がやってきた。
生徒　マジか？
生徒　すっご。
最後の生徒　（なんだか嬉しい）
先生　あなたの呪文は「ちちんぷいぷい胡麻の蝿」
みんな　え？
先生　聞いてなかったの？　ではもう一度「ちちんぷいぷい胡麻の蝿」
生徒　うわー
生徒　ちょ、それは……
生徒　超絶ださくね。
生徒　ラリパッパルンパッパの方がまだ良いわ。
最後の生徒　私の呪文は……
先生　ちちんぷいぷい胡麻の蝿
みんな　ちちんぷいぷい胡麻の蝿
最後の生徒　うわ〜〜〜〜！（頭を抱える）

周りの人はみんな「ちちんぷいぷい胡麻の蝿」と言いながら去る。

——了——

上演のてびき

柏木　陽

　この脚本は様々な練習をしやすいように書きました。想定したのはマスクをしてても不自然にならずむしろその事自体が面白くなる脚本、お互いの距離感を大きく取っても不自然じゃないような脚本です。
　脚本上に出てくる人数も場面ごとに二人三人四人、もっとたくさんなど色々な人数で場面の練習が出来るようにしようと思いました。ぜひ場面ごとに好きなようにやってみてください。
　いくつかをまとめたり組み合わせたりして上演することも可能だと思います。基本的には学校で起こるようなことを出発点にして不思議な展開を作ったりしたのでこの脚本を冒頭にして続きを創作してもらっても良いかもしれません。
　色々な演出的な工夫も出来ると思います。例えばキンコンカンコンやガタンゴトンという擬音が場面のはじめに書いてありますが、ここを声で言って始めるととてもユニークな感じになります。音響を使うことも良いのですが試していただければと思います。
場面2では電車を表すためにセットを作るのも良いとは思いますが手近の椅子を何脚か横に並べるだけでも電車に見えてくると思います。
場面4では亀に見えるサメの被り物はあった方が面白いでしょう。できれば手作りのものを作ると楽しいと思います。ハザードマップなども自分たちの街のものを作ると良いでしょう。サメ役カメ役は逆に被り物などをするよりも衣装や小道具などで工夫すると楽しいと思います。
場面5の宇宙人も工夫次第で面白くなる部分です。人数がいるようであれば四～五人かそれ以上で出てきて一斉にしゃべると楽しいです。出てくる際の音楽を工夫したり、出てくる動き方を一列でつま先立ちでチョコチョコ歩きながら出てくるとか、互い違いに上がったりしゃがんだりしながら出てくるとかで楽しさが倍増します。
場面6は椅子と先生の位置で迷うことが多いと思います。横向きに教室を設定して話す時は客席を向く工夫をすると良いでしょう。ドリフターズや吉本新喜劇などの学校を舞台にしたコントを参考にしてみてください。この場面のラストはこの後に場面が続いていくつもりで終わっています。ぜひこの先を考えてみてください。例えば翌日に呪文はそのままに大魔法使いのような魔法を使えるようになるけど夢だったとか、お父さんもこの呪文だけど立派に仕事をしているよとか。誰かがそんなモノローグをして終わるだけでも良いかと思います。

色々書きましたが工夫次第では何も用意しないで出演者の振る舞いだけで場面が変わったことやその人がどんな人なのかを想像させることも出来ると思います。同じ場面を違う人たちでやってみたり、場面を入れ替えて順番を工夫するなど、色々な工夫を試すということをこの脚本を通じて楽しんでもらえたらと思います。

【初演】二〇二〇年、東京・世田谷区立世田谷中学校。

【作者】柏木 陽（かしわぎ・ひろし）―東京・演出家、劇作家。小・中・高等学校外部指導者、NPO法人演劇百貨店 代表理事。

[主な作品]「トシシュン?」（『演劇と教育』2014年4月号）、「きょうしつ」（同2016年1＋2月号、日本演劇教育連盟「演劇教育賞」受賞）、「わらしべジェンカ」（同2016年5月号）、「めだかで悪いか!」（同2017年10月号）、「パパはロボット」（同2019年1＋2月号）、「かぐや姫」（同2020年5＋6月号）、「才能屋」（『中学生のための脚本集U―15上』晩成書房）

学校演劇脚本の上演手続き

一般社団法人（以下、一社と表記）日本演劇教育連盟では、本誌や脚本集など日本演劇教育連盟の出版物に掲載された脚本が広く活用されると共に、著作者の権利が尊重されることを願って、脚本の上演にあたっては「上演届・上演許可願」を提出されるようお願いしております。

ご理解とご協力をお願いいたします。

（1） 義務教育段階の学校での教育上の目的による学校演劇脚本の上演には、上演料（著作権使用料）は不要です。しかし、著作人格権を尊重する上から、**「上演届・上演許可願」**を提出してください。

① **【上演届・上演許可願】左ページ**見本の必要事項を記入し、（一社）日本演劇教育連盟にお送りください。送り方は郵送・ＦＡＸ・メール添付・ホームページから等、どの方法でも結構です。

② **【事務手数料】**事務手数料（作者との連絡・書類発行等）一〇〇〇円を左記、（一社）日本演劇教育連盟の口座に振り込んでください。（（一社）日本演劇教育連盟の会員の方は手数料は不要です。）

［事務手数料振込先］
・郵便振替００１９０―３―０８８５９８
（加入者）日本演劇教育連盟
・りそな銀行大塚出張所　普通１４７２１１８
（口座名）一般社団法人日本演劇教育連盟

（2） 脚本は、書き換えないことが原則です。人数、時間等で、変更せざるを得ないときには「上演届・上演許可願」に変更部分がわかる脚本を添えてお送りください。

（3） 脚本、および楽譜などを、上演台本として必要な部数に限って複写（コピー）することは差し支えありませんが、それを他人に配布したり、頒布したりすることは著作権法上許されておりません。

（4） 中学校以外で上演する場合、入場料有料での上演の場合などを含め、上演に際して、疑問点や相談したいことなどのある場合は、メールまたはＦＡＸで（一社）日本演劇教育連盟までお問い合わせください。できる限りの便宜をはかります。

一般社団法人　**日本演劇教育連盟**
〒170―0005東京都豊島区南大塚３―54―５第一田村ビル３Ｆ
電話03（３９８３）６７８０　FAX03（３９８３）６７８８
ＭＡＩＬ　enkyoren@cronos.ocn.ne.jp
ホームページ　https://enkyoren.com/

年　　月　　日

一般社団法人 日本演劇教育連盟
上演届担当者様

上演届・上演許可願

貴連盟編『中学生のための脚本集U-15［下］』収載の作品について、下記の通り上演を予定しています。作者との連絡をお願いいたします。

記

1. **作品名**：

2. **作者名**：

3. **上演日時**：

4. **上演会場**：

5. **入場料**：〔無／有（　　　　円）観客予定人数（　　　人)〕

6. **上演者**：(団体名・学校・学年・人数)

7. **連絡先**：
　代表者名（所属）
　住所（〒　　－　　　）
　電話番号　　　　（　　　　）
　メールアドレス

8. **上演許可証**（　要　・　不要　）

9. **その他**（作者に伝えたいことなど）

■作者一覧■執筆当時

浅田七絵――東京・公立中学校教員
根岸大悟――東京・公立中・高等学校教員
佐藤幸子――東京・公立中学校演劇部外部指導者、
演劇創作ユニットmizhen、俳優
野間玲子――岩手・劇作家
小沼朝生――東京・公立中学校演劇部外部指導者、俳優
照屋 洋――東京・公立中学校教員、
日本演劇教育連盟認定ドラマティーチャー
辰嶋幸夫――東京・公立中学校教員
柏木 陽――東京・劇作家・演出家、小・中・高等学校外部指導者、
NPO法人演劇百貨店

■編集委員■

大垣花子
小山内徳夫
田代　卓
星　陽子

●一般社団法人 **日本演劇教育連盟**（略称＝演教連）は、1937年に創立され、初めは日本学校劇連盟という名称でした。戦中休止期間がありましたが、1949年に再建、1959年に名称を「日本演劇教育連盟」と改めました。2019年、一般社団法人として法人格を取得しました。演教連は、演劇の創造と鑑賞をとおして、また、演劇的な方法を生かして授業や学級の活動、集会や行事などの活動の活性化を図り、子どもの成長と豊かな人間性の形成をめざす教育研究団体です。演教連には、教師・保育者・学生をはじめ子ども文化の創造と普及のために働く各分野の専門家、また全国の子ども・おやこ劇場の父母、子ども会や児童館など地域での指導者たちが広く参加しています。機関誌として月刊『演劇と教育』を編集（発行は晩成書房）し、会員に配布しています。会費を納めれば誰でも入会できます。

●一般社団法人 **日本演劇教育連盟**
〒170-0005 東京都豊島区南大塚3-54-5 第1田村ビル3F
TEL03-3983-6780 FAX03-3983-6788
Eメール enkyoren @ cronos.ocn.ne.jp
ホームページ https://enkyoren.com/

中学生のための 脚本集U-15【下】

二〇二二年 五 月二五日 第一刷印刷
二〇二二年 五 月三一日 第一刷発行
編 集 一般社団法人 日本演劇教育連盟
発行者 水野 久
発行所 株式会社 晩成書房
●〒101-0064 東京都千代田区猿楽町二―一―一六
●電 話 〇三―三二九三―八三四八
●FAX 〇三―三二九三―八三四九
印刷 美研プリンティング 株式会社
製本 根本製本 株式会社

乱丁・落丁はお取り替えします
ISBN978-4-89380-508-9 C0074
Printed in Japan